STEVE CODING

나상호, 백순훈, 신윤철, 이상민, 최성권

'스티브코딩'은 게임 활용 교육을 연구하는 현직 교사들의 모임입니다.
2016년 8월에 발족되어, 현재 전국에서 11명의 교사들이 참여하고 있습니다.

게임 활용 교육에 대한 다양한 아이디어와 수업 방법에 대해 끊임없이 고민하고 있으며,
온라인 채널과 다양한 교사 연수를 통해
연구 성과를 꾸준히 공유하며 소통하고 있습니다.

  www.facebook.com/stvcoding
  www.youtube.com/스티브코딩에듀크리에이터

차례

게임처럼 재미있는 SW코딩,
마인크래프트 에듀케이션 에디션으로 시작해보세요!

마이크로소프트에서 개발한 컴퓨터 과학 학습플랫폼인
메이크코드 MakeCode 와 **마인크래프트 에듀케이션 에디션** Minecraft: Education Edition 을 활용한
SW코딩 학습서입니다.

---

01 · 코딩하며 놀자, 마인크래프트 에듀케이션 에디션 7

01 | 마인크래프트 에듀케이션 에디션, 사용환경 만들기 .... •8

- **오늘의 프로젝트** 마인크래프트 에듀케이션 에디션 준비하기 .... •8
- STEP 1 Windows10 확인하기 .... •8
- STEP 2 마인크래프트 에듀케이션 에디션 설치하기 .... •9
- STEP 3 마인크래프트 에듀케이션 에디션 접속하기 .... •11
- STEP 4 메인화면 인터페이스 살펴보기 .... •12
- **부록** 선생님들을 위한 클래스룸 모드! .... •14

02 | 코드 커넥션 알아보기 .... •18

- **오늘의 프로젝트** 에이전트 만나기 .... •18
- STEP 1 코드 커넥션 설치하기 .... •18
- STEP 2 코드 커넥션 연동하기 .... •19
- STEP 3 메이크코드 인터페이스 알아보기 .... •20

02 · 마스터, 마인크래프트 에듀케이션 에디션　　25

01 │ 마인크래프트 에듀케이션 에디션, 마스터하기 PART I　　• 26
오늘의 프로젝트　마인크래프트 에듀케이션 에디션, 시작하기　　• 26
STEP 1　월드 만들기　　• 26
STEP 2　플레이어 움직이기　　• 28
STEP 3　플레이어 아이템 확인하기　　• 29
STEP 4　마인크래프트 에듀케이션 에디션의 다양한 아이템!　　• 31
STEP 5　마인크래프트 에듀케이션 에디션의 치트키!　　• 35
프로젝트 업그레이드　나만의 집 만들기　　• 37

02 │ 마인크래프트 에듀케이션 에디션, 마스터하기 PART II　　• 39
오늘의 프로젝트　마인크래프트 에듀케이션 에디션, 활용하기　　• 39
STEP 1　정원 가꾸기　　• 39
STEP 2　농장 만들기　　• 43
STEP 3　레드스톤 이해하기　　• 47
STEP 4　레드스톤 활용하기　　• 50
프로젝트 업그레이드　나만의 집, 리모델링하기　　• 54

03 · 나의 아바타, 플레이어　　55

01 │ 플레이어 코드블록 이해하기　　• 56
오늘의 프로젝트　플레이어 코드블록으로 간단한 코드 만들기　　• 56
STEP 1　플레이어 코드블록의 기능 알아보기　　• 57
STEP 2　좌표로 내 위치 확인하기　　• 61
프로젝트 업그레이드　말하는 대로 바뀌는 세상　　• 67

02 │ 물건 소환하기　　• 69
오늘의 프로젝트　플레이어 코드블록으로 다양한 물건 소환하기　　• 69
STEP 1　블록 소환하기　　• 69
STEP 2　몹 소환하기　　• 74
STEP 3　간단한 몬스터 함정 만들기　　• 78
프로젝트 업그레이드　크리퍼 피하기　　• 81

04 · 나만의 로봇 친구, 에이전트　　　　　85

01 │ 에이전트 이동시키기　　　　　• 86
오늘의 프로젝트　에이전트 이동시키기　　　　　• 86
STEP 1　에이전트 체험판 월드로 에이전트 불러오기　　　　　• 87
STEP 2　에이전트 이동시키기　　　　　• 89
STEP 3　에이전트 공중 부양시키기　　　　　• 91
프로젝트 업그레이드　에이전트 미로 탈출시키기　　　　　• 93

02 │ 에이전트와 광물 캐기　　　　　• 94
STEP 1　에이전트로 채굴하기　　　　　• 94
STEP 2　필요한 블록만 수집하기　　　　　• 97
STEP 3　필요한 아이템만 수집하기　　　　　• 99
STEP 4　에이전트의 아이템 모두 버리기　　　　　• 102
프로젝트 업그레이드　필요한 블록이나 아이템만 골라서 캐기　　　　　• 103

03 │ 에이전트와 농사 짓기　　　　　• 106
STEP 1　작물 수확하기　　　　　• 106
STEP 2　농사의 기초, 밭 갈기　　　　　• 108
STEP 3　씨 뿌리기　　　　　• 112
프로젝트 업그레이드　에이전트로 메마른 땅 개간하기　　　　　• 114

05 · 보이지 않는 건축가, 빌더　　　　　119

01 │ 빌더 코드블록 이해하기　　　　　• 120
오늘의 프로젝트　빌더 이동시키기　　　　　• 120
STEP 1　빌더 코드블록의 기능 알아보기　　　　　• 120
STEP 2　빌더 소환하기　　　　　• 123
STEP 3　빌더 이동시키기　　　　　• 125
프로젝트 업그레이드　빌더로 바닥과 벽 만들기　　　　　• 128

02 │ 빌더와 건축물 만들기　　　　　• 132
오늘의 프로젝트　빌더로 편리하게 건축하기　　　　　• 132
STEP 1　빌더 위치마크 이해하기　　　　　• 133
STEP 2　빌더 건축 코드블록 알아보기　　　　　• 135
STEP 3　빌더로 직육면체 건축물 만들기　　　　　• 139
프로젝트 업그레이드　빌더로 피라미드 만들기　　　　　• 144

06 · 메이크코드 & 마인크래프트 프로젝트!   147

01 | 나만의 랜드마크 만들기 · 148

오늘의 프로젝트 나만의 랜드마크 만들기 · 148
STEP 1 세 가지 원 만들기 · 148
STEP 2 대형 시계 만들기 · 150
STEP 3 토성 만들기 · 153
프로젝트 업그레이드 팽이 타워 만들기 · 154

02 | 재미있는 수학놀이 즐기기 · 158

오늘의 프로젝트 재미있는 수학놀이 즐기기 · 158
STEP 1 업다운 게임 만들기 · 158
STEP 2 약수 구하기 · 161
프로젝트 업그레이드 블록으로 약수 구하기 · 163

03 | 서바이벌 모드에서 살아남기 · 166

오늘의 프로젝트 서바이벌 모드에서 살아남기 · 166
STEP 1 에이전트에게 채굴시키기 · 166
STEP 2 광물 탐지기 만들기 · 170
프로젝트 업그레이드 광물 탐지기 응용하기 · 173

01

코딩하며 놀자, 마인크래프트 에듀케이션 에디션

01

마인크래프트 에듀케이션 에디션 사용환경 만들기

> 💡 **오늘의 프로젝트**
> ## 마인크래프트 에듀케이션 에디션 준비하기

혹시 마인크래프트에 대해 들어본 적 있으신가요? 많은 친구들이 마인크래프트에 대해 들어본 적이 있거나 직접 해본 적이 있을 겁니다. 이제까지 게임으로 마인크래프트를 즐겼다면, 이제부터는 **마인크래프트 에듀케이션 에디션**(Minecraft: Education Edition; M:EE)으로 즐겁게 코딩 학습까지 할 수 있습니다. 마인크래프트 에듀케이션 에디션은 교육 목적으로 배포되는 마인크래프트입니다. 지금부터 마인크래프트 에듀케이션 에디션으로 코딩을 배우기 위한 준비 과정을 살펴보겠습니다.

한 가지 더, 이제부터는 마인크래프트 에듀케이션 에디션을 M:EE로 줄여 부르도록 하겠습니다.

STEP 1 | Windows 10 확인하기

M:EE를 설치하고 실행하기 위해서는 **Windows 10**이라는 운영체제가 필요합니다. 지금 사용하고 있는 운영체제가 Windows 8, Windows 7 등 이전 버전의 Windows라면 M:EE를 설치할 수 없습니다. 먼저 사용 중인 컴퓨터의 운영체제를 확인해 주세요.

▲ Windows 10 로고

01 코딩하며 놀자, 마인크래프트 에듀케이션 에디션

STEP 2 　마인크래프트 에듀케이션 에디션 설치하기

M:EE를 플레이하기 위해서는 공식 홈페이지(http://education.minecraft.net)에서 설치파일을 다운로드 받아야 합니다. 해당 홈페이지의 **[SUPPORT > DOWNLOAD]** 메뉴를 선택하면 설치파일 다운로드 페이지가 나타납니다.

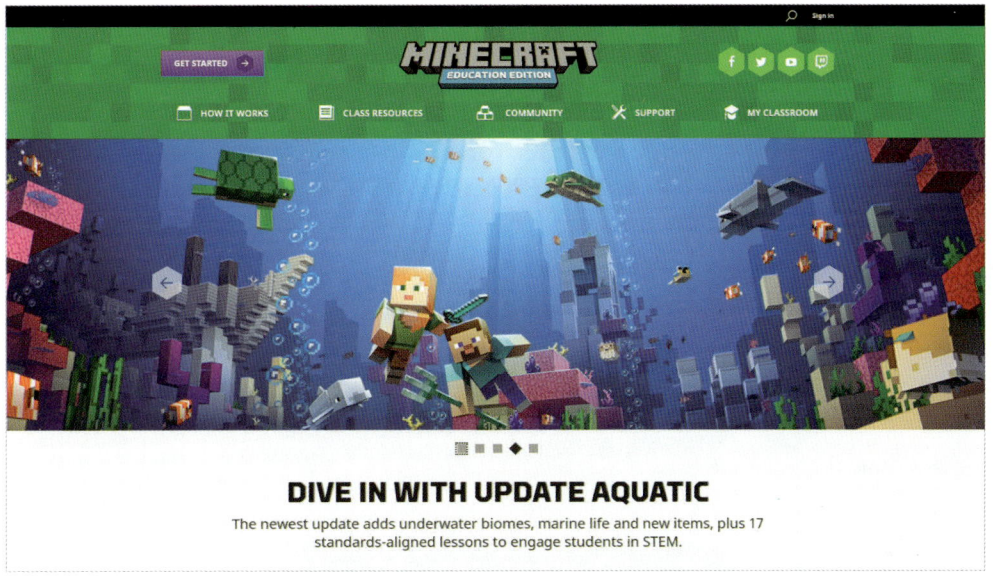

▲ M:EE 홈페이지

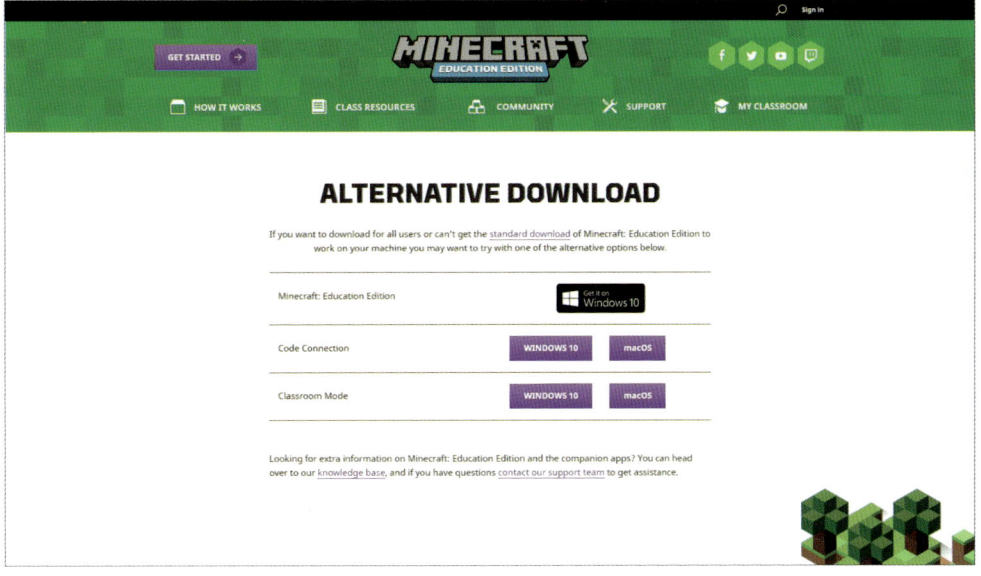

▲ M:EE 다운로드 페이지

다운로드 받은 설치파일은 압축파일입니다. 압축파일을 풀어준 후 해당 폴더에 들어가면 설치 아이콘(.bat)이 나타납니다. 파일을 마우스 오른쪽 버튼으로 클릭하여 '**관리자 권한으로 실행**'을 선택합니다.

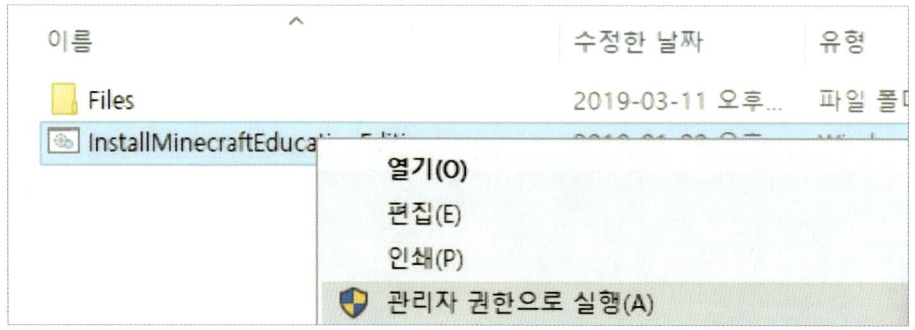

▲ 설치파일을 '관리자 권한으로 실행'하기

설치가 끝났다면 이제 M:EE를 실행해봅시다. 마인크래프트(Minecraft)가 이미 설치되어 있다면 주의해주세요. 여러분이 앞으로 사용할 M:EE는 전혀 다른 프로그램입니다. 메뉴에서 꼭 **Minecraft: Education Edition**을 선택해 실행해주세요!

▲ M:EE 실행

STEP 3   마인크래프트 에듀케이션 에디션 접속하기

1. 첫 번째 방법

방과후수업을 듣는 학생들은 먼저 선생님께 문의합니다. 선생님께서 **계정**을 알려주시면 잘 메모해둡니다. 메모한 **아이디**와 **비밀번호**를 입력하여 〈**로그인**〉 버튼을 클릭합니다.

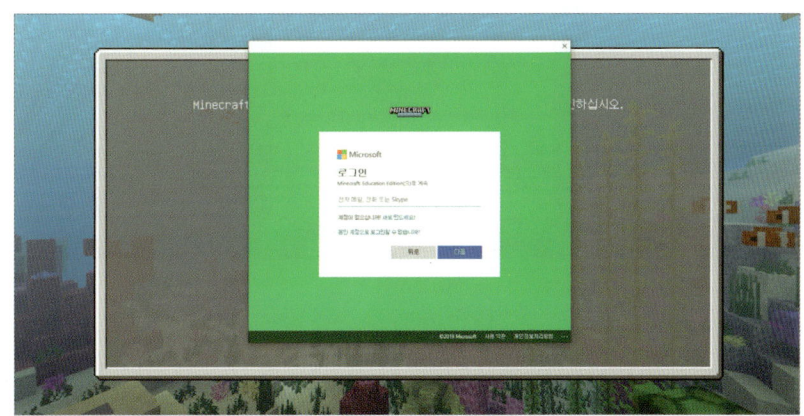

▲ M:EE 로그인 화면

2. 두 번째 방법

M:EE에 접속하기 위해서는 마이크로소프트의 **Office 365** 계정이 필요합니다. 선생님이나 학생들은 **교육용 Office 365**를 무료로 사용할 수 있습니다. 교육용 Office 365에 관한 안내와 다운로드는 마이크로소프트의 교육 페이지(https://www.microsoft.com/ko-kr/education)의 [구입방법 〉 구입방법] 메뉴에서 확인하실 수 있습니다.

M:EE 시작화면에 **Office 365 계정**과 **비밀번호**를 입력한 후, 〈**로그인**〉 버튼을 클릭하면 됩니다.

STEP 4   메인화면 인터페이스 살펴보기

시작화면에는 마인크래프트 로고를 변형한 로고 이미지와 몇 개의 버튼들, 그리고 나의 캐릭터가 표시됩니다.

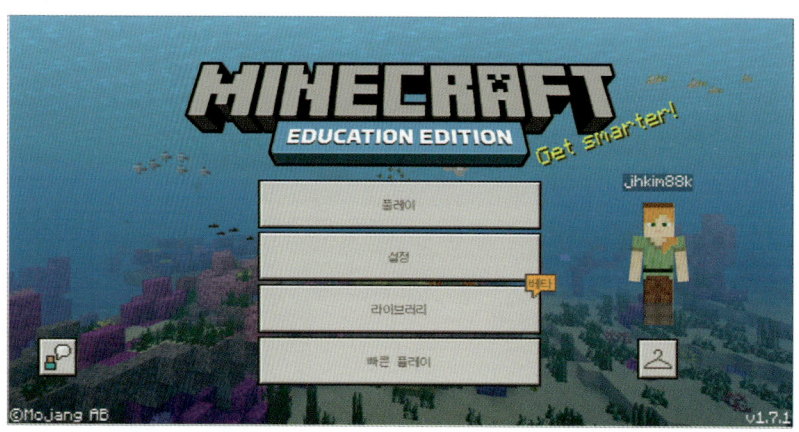

▲ M:EE 시작 화면

왼쪽 아래에 있는 물음표 모양의 **〈도움말〉** 버튼을 클릭하면 M:EE의 업데이트 정보, 기본적인 조작방법에 대한 자세한 설명을 볼 수 있습니다. M:EE 플레이에 필요한 많은 정보가 담겨있으니 꼭 읽어 보시기 바랍니다.

오른쪽 아래에 있는 옷걸이 모양의 **〈스킨 설정〉** 버튼을 클릭하면 '스킨 선택' 창이 나타납니다. 이 곳에서 플레이어 스킨을 설정할 수 있습니다. M:EE에서는 100가지 이상의 플레이어 스킨을 선택할 수 있으며, 선택한 스킨은 다음 로그인에서도 적용이 유지됩니다. 또한 원할 때마다 자유롭게 변경이 가능합니다.

▲ 스킨 선택 화면

화면 가운데 위치한 **〈설정〉** 버튼을 클릭하면 '설정' 창이 나타납니다. 컨트롤(키보드 및 마우스, 컨트롤러, 터치패드)에 대한 설정과 비디오, 오디오, 언어, 리소스팩에 대한 세부적인 설정이 가능합니다.

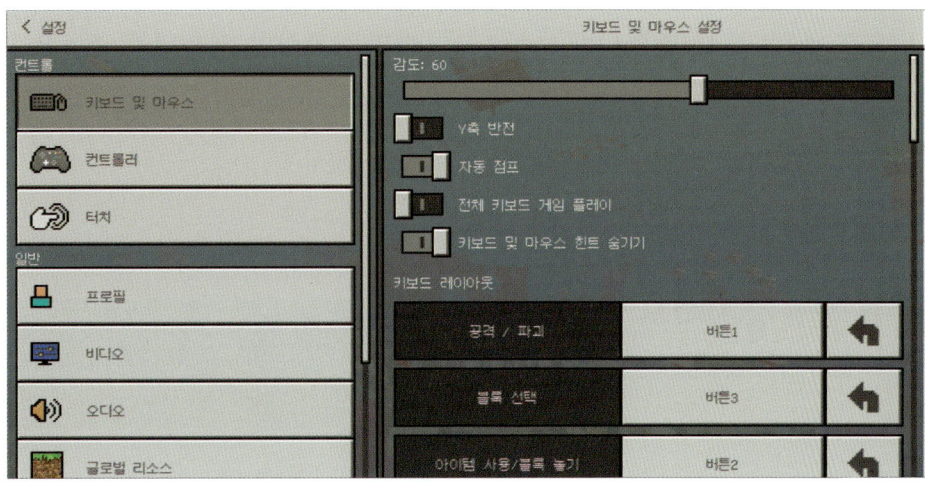

▲ 환경 설정 화면

이제 화면 가운데 위치한 **〈플레이〉** 버튼을 클릭해서 M:EE를 플레이해봅시다!

:부록: 선생님들을 위한 클래스룸 모드!

클래스룸 모드란 M:EE를 이용한 교육 활동을 할 때 수업이 원활하게 진행될 수 있도록 도움을 주는 프로그램입니다. 이 프로그램을 이용하면 선생님과 수업을 하거나 친구들과 같이 코딩을 배우며 학습 및 M:EE 플레이를 할 수 있습니다. 클래스룸 모드는 M:EE와는 다른 프로그램으로 별도 설치가 필요합니다. 공식 홈페이지(https://education.minecraft.net)에서 다운로드 받을 수 있습니다.

클래스룸 모드를 실행하면 M:EE 실행화면과 동일한 화면이 나타납니다.

▲ 클래스룸 모드 로그인 화면

클래스룸 모드에 접속할 때도 M:EE 동일한 계정을 이용합니다. 계정 정보를 입력하시고 〈로그인〉 버튼을 클릭하면 아래와 같은 창이 나타납니다. M:EE와 연동을 위해서 창 오른쪽 문서 모양의 〈복사하기〉 버튼을 클릭해 연결 명령어를 클립보드에 복사합니다.

▲ 클래스룸 모드 연동을 위한 서버 선택 화면

M:EE 화면으로 돌아와 채팅창에 〈Ctrl + V〉 단축키로 클립보드에 있는 연결 명령어를 붙여 넣습니다. 클래스룸모드에 연결되면 15쪽 그림과 같이 창 모양이 변하는 것을 확인할 수 있습니다.

클래스룸 모드와 M:EE가 연동되면 월드에 접속한 플레이어를 확인할 수도 있고, 채팅 내용을 확인할 수도 있습니다.

'**플레이어 명단**' 영역에는 접속한 모든 플레이어가 표시됩니다. 단순히 플레이어 이름만 표시되는 것이 아니라 여러가지 숨은 기능이 있습니다. 플레이어 명단에 있는 이름을 드래그하여 왼쪽 미니맵에 끌어다 놓으면 원하는 위치로 해당 플레이어를 이동할 수 있습니다.

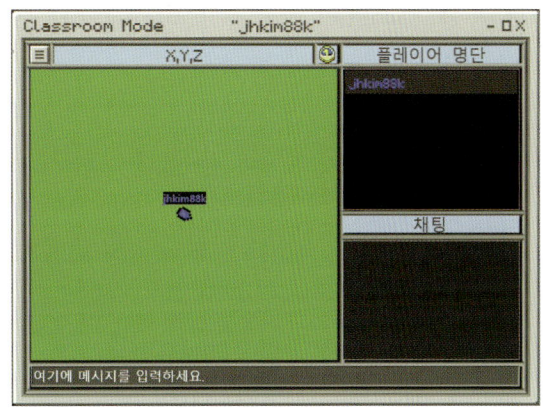
▲ 클래스룸 모드 실행 화면

'**채팅**' 영역에서는 월드에서 이루어지는 채팅을 실시간으로 확인할 수 있고, 직접 메시지를 입력할 수도 있습니다. M:EE 채팅 창에 메시지를 입력하면 플레이어 이름으로 입력한 메시지가 표시되지만, 클래스룸 모드 채팅 영역에서 메시지를 입력하면 '교사'라는 이름으로 메시지가 표시됩니다.

미니맵 왼쪽 위에 있는 **〈설정〉** 버튼을 클릭하면 월드를 제어할 수 있는 옵션이 나타납니다. 현재는 8가지 옵션으로 M:EE의 월드를 관리할 수 있습니다. M:EE와 클래스룸 모드가 업데이트되면서 설정 옵션도 다양해지고 있습니다.

▲ 〈설정〉 버튼과 월드 제어 기능

'설정' 메뉴를 통해 관리할 수 있는 8가지 옵션은 다음과 같습니다.

⏸	모든 플레이어의 게임을 일시 중지합니다.
💬	플레이어 채팅을 모두 비활성화합니다.
☁	항상 맑은 날씨를 만들어줍니다.
👾	몹의 등장 여부를 설정합니다.
🧨	다른 블록을 파괴할 수 있는 아이템의 허용 여부를 설정합니다.
❤	플레이어 대미지 여부를 설정합니다.
⛏	만들어진 월드의 블록 수정을 금지합니다.
⚔	플레이어 간의 대결(PvP)을 금지합니다.

'클래스룸 모드'에서 제공되는 다양한 관리 기능을 사용하면 선생님과 학생들이 원하는 환경으로 M:EE 수업을 진행할 수 있습니다.

01 코딩하며 놀자, 마인크래프트 에듀케이션 에디션

M:EE 플레이 도중에도 설정을 변경할 수 있어요!

클래스룸 모드를 별도로 실행해서 M:EE의 설정을 관리하는 것이 번거롭다면 M:EE를 플레이하는 도중에도 설정을 변경하는 방법이 있습니다. 플레이 도중에 〈Ecs〉 키를 누르면 설정을 변경하거나 게임 방법에 관한 도움말을 볼 수 있는 창이 나타납니다.

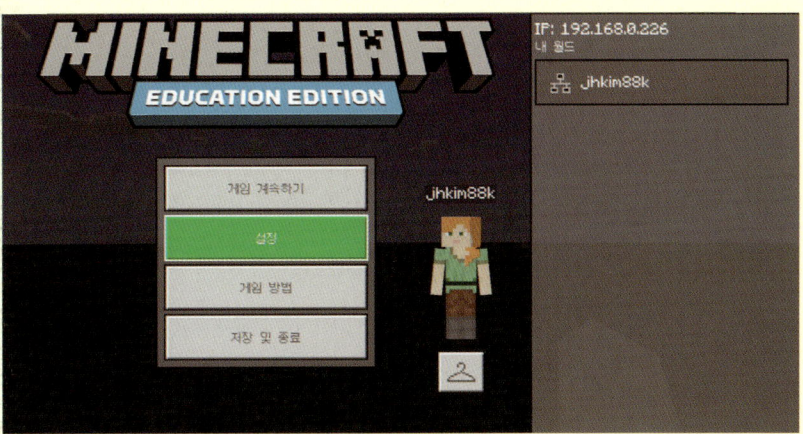

▲ M:EE 플레이 도중에 〈Esc〉 키를 눌러 월드 환경 변경하기

'설정' 창에서 [월드 > 게임] 메뉴를 선택하고, '**클래스룸 설정 보기**' 옵션을 활성화하면 됩니다.

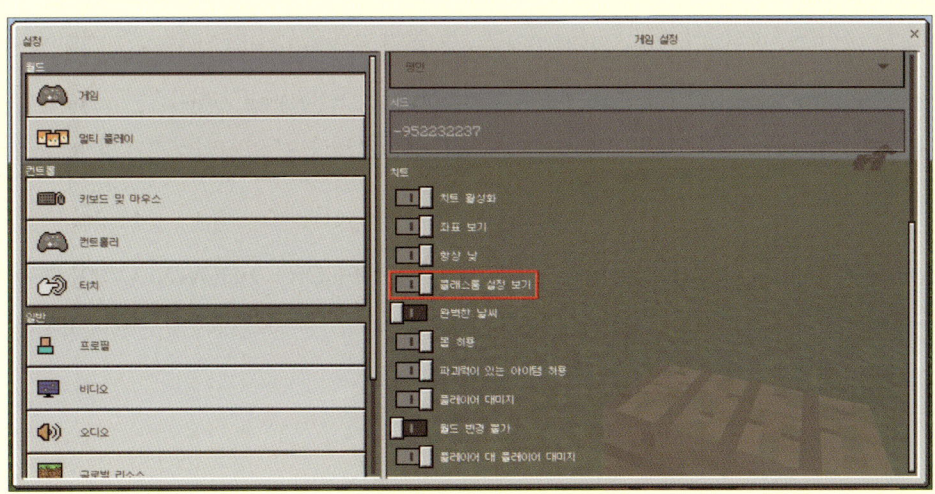

▲ '클래스룸 모드 사용 옵션' 활성화

17

02

코드 커넥션 알아보기

> **오늘의 프로젝트**
> ## 에이전트 만나기

M:EE를 설치하였다면 마인크래프트에서처럼 신나게 플레이를 할 수도 있습니다. 그렇지만 우리는 단순히 게임을 즐기려고 하는 것이 아니라 M:EE를 이용해 코딩 학습을 하려고 해요. 코딩 학습을 위해서는 또 다른 프로그램을 설치해야 합니다. 이제부터 코딩에 필요한 **코드 커넥션**을 설치하고, 앞으로 우리의 코딩을 도와줄 에이전트를 만나보도록 하겠습니다.

STEP 1 코드 커넥션 설치하기

코드 커넥션이란 전 세계 교육현장에서 활용되는 코드 빌더(Code Builder)입니다. 코드 커넥션으로 누구나 쉽게 코딩의 기본을 익힐 수 있습니다. 코드 커넥션에서는 코드 닷 오알지(Code.org), 스크래치(Scratch), 팅커(Tynker)와 같은 교육용 프로그래밍 플랫폼 뿐만 아니라 **메이크코드**(MakeCode)라는 교육 플랫폼을 지원합니다. 이 책에서는 마이크로소프트에서 개발한 메이크코드를 이용해 코딩을 배워보려고 합니다. 메이크코드의 인터페이스에 대해서는 이번 챕터의 'STEP 3'에서 다루겠습니다.

M:EE 공식 홈페이지(https://education.minecraft.net)의 **[SUPPORT 〉 DOWNLOAD]** 메뉴를 선택하면 코드 커넥션 설치파일을 다운로드할 수 있습니다. 사용 중인 컴퓨터의 운영체제에 맞는 설치파일을 다운로드한 후, 직접 설치해보세요.

01 코딩하며 놀자, 마인크래프트 에듀케이션 에디션

STEP 2 코드 커넥션 연동하기

1. 첫 번째 방법

먼저 M:EE를 실행한 후, 월드를 만들어 줍니다. 그 다음, 코드 커넥션을 실행하면 'Code Connection' 창이 나타납니다.

M:EE와 연동을 위해서 창 오른쪽 문서 모양의 **〈복사하기〉** 버튼을 클릭해 연결 명령어를 클립보드에 복사합니다.

▲ 연결 명령어 복사하기

M:EE 화면으로 돌아와 채팅창에 **〈Ctrl + V〉** 단축키로 클립보드에 있는 연결 명령어를 붙여넣기 해줍니다. 코드 커넥션과 연결되면 **에이전트**(Agent)가 소환되는 것을 확인 할 수 있습니다.

코드 커넥션을 직접 실행하지 않아도 플레이 도중에 채팅창에 '**/code**'라고 입력하면 코드 커넥션이 자동 실행됩니다.

▲ 에이전트 소환

에이전트가 소환되면 'Code Connection' 창에서 편집기를 선택할 수 있습니다. 메이크코드를 선택해주세요.

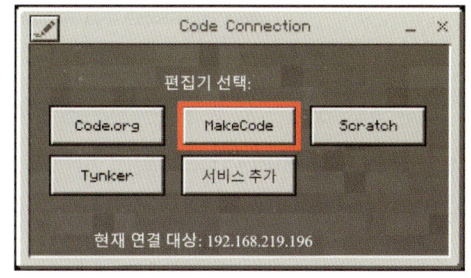
▲ 코드 커넥션의 편집기 선택 화면

2. 두 번째 방법

M:EE를 실행한 상태에서 키보드 'C'(한글 자판은 'ㅊ')를 눌러줍니다. 그러면 코드 작성기 프로그램이 실행되고 두 개의 선택 항목이 나타납니다. 첫 번째 선택 항목을 클릭하여 메이크코드를 실행합니다. 실행 방법은 두 번째 방법이 훨씬 더 쉽습니다. 하지만 두 번째 방법으로는 코드를 파일로 저장할 수 없으니 조금은 번거롭더라도 첫 번째 방법으로 사용하시기를 권장합니다.

▲ 내장된 코드 작성기 실행하기

STEP 3 메이크코드 인터페이스 알아보기

'Code Connection' 창에서 메이크코드를 선택하면 메이크코드(MakeCode) 창이 나타납니다. **메이크코드**는 마이크로소프트에서 개발한 컴퓨터 과학 학습용 플랫폼으로, 재미있게 프로젝트를 수행하고 결과를 바로 확인해 볼 수 있습니다. 또한 블록 코딩과 자바스크립트(JAVA Script) 코딩이 변환되는 편집기로 효과적인 코딩 학습이 가능합니다.

이제 본격적으로 메이크코드를 살펴볼까요?

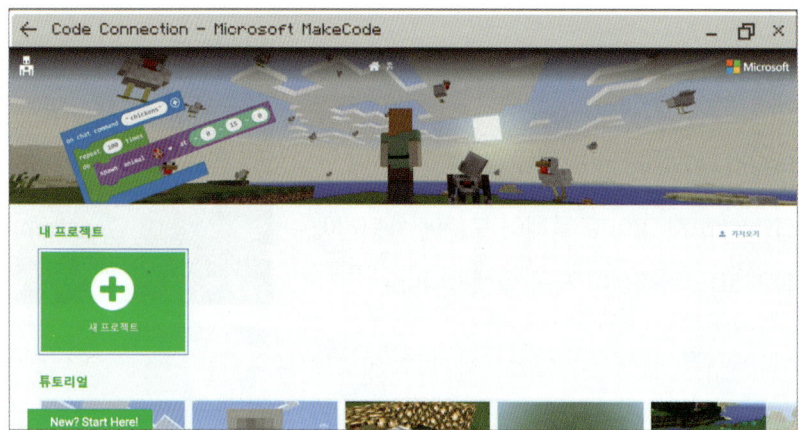

▲ 메이크코드 시작 화면

'**내 프로젝트**' 영역에는 여러분들이 직접 작성한 코드가 프로젝트로 저장되어 표시됩니다. **[새 프로젝트]**를 클릭하면 비어 있는 편집기가 나타납니다. 예전에 작성한 코드들은 새 프로젝트의 오른쪽에 표시됩니다. 해당 프로젝트를 클릭하면 여러분들이 작성해 놓은 프로젝트를 다시 불러올 수 있습니다. 프로젝트는 언제든 다시 불러와 수정하고 저장해둘 수 있습니다.

[새 프로젝트]를 클릭해 비어 있는 편집기를 불러옵니다. 이제부터 메이크코드 편집기의 다양한 기능을 살펴보겠습니다.

01 코딩하며 놀자, 마인크래프트 에듀케이션 에디션

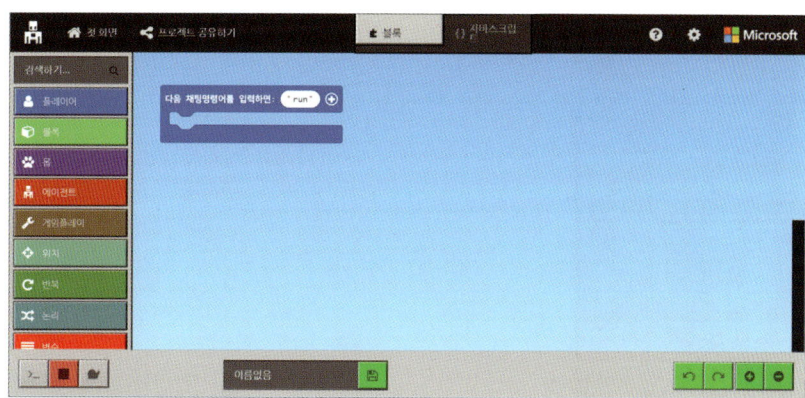

▲ 메이크코드 편집기

 집 아이콘	프로젝트를 저장하고 메이크코드 시작화면으로 나갑니다.
프로젝트 공유하기	작업한 프로젝트 파일을 온라인으로 친구들과 공유할 수 있습니다.
블록	활성화되면 블록으로 코딩할 수 있는 상태가 됩니다. 기존에 작성한 텍스트 코드가 있다면 블록 코딩 형태로 보여집니다.
{ } 자바스크립트	활성화되면 자바스크립트로 코딩할 수 있는 상태가 됩니다. 기존에 작성한 블록 코드가 있다면 자바스크립트 형태로 보여집니다.
 설정(톱니바퀴)	편집기와 관련된 다양한 옵션을 설정할 수 있습니다. 이 중 주의해야할 옵션은 '**재설정/초기화**'입니다. 해당 옵션을 선택하면 현재 작업 중인 프로젝트 뿐만 아니라 저장된 모든 프로젝트가 삭제됩니다.
Microsoft	메이크코드 공식페이지(https://minecraft.makecode.com)로 연결됩니다.
M:EE-01 저장	'**다운로드**' 폴더에 지정한 이름으로 코드 파일을 저장해줍니다. 코드 파일은 *.mkcd 형태로 저장됩니다.

▲ 명령 카테고리

▲ 고급 명령 카테고리

메이크코드는 엔트리(Entry), 스크래치(Scratch)와 마찬가지로 코드블록 또는 명령어들을 사용하기 편리하게 쓰임새별로 묶어 카테고리로 제공합니다. 블록 편집 상태일 때는 코드블록이, 자바스크립트 편집 상태일 때는 텍스트 명령어가 제공됩니다.

코드블록 기능이 궁금하다면?

코드블록의 쓰임새가 궁금하면 코드블록 위에 마우스 커서를 가져다 놓고 잠시만 기다려주세요. 코드블록의 설명이 표시됩니다.

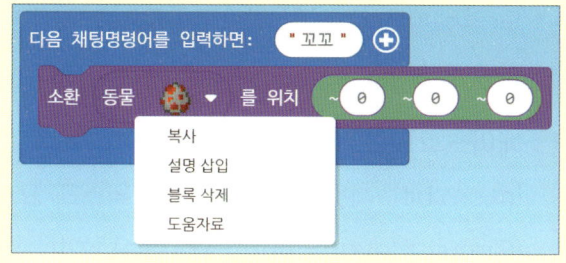

더 자세한 설명이 보고 싶다면 코드블록을 마우스 오른쪽 버튼으로 클릭해서 단축메뉴를 꺼냅니다. 단축메뉴 중에서 **[도움자료]** 메뉴를 선택하면 자세한 도움말을 확인할 수 있습니다.

튜토리얼 활용하기

메이크코드 시작화면의 '내 프로젝트' 영역 아래에는 '**튜토리얼**' 영역이 있습니다. 튜토리얼은 기본적인 코드 사용법을 알 수 있도록 도와주는 역할을 합니다. 코딩한 결과를 실행해보기까지의 과정을 차례차례 힌트를 주며 도와줍니다. 튜토리얼을 하나씩 완료해가면서 메이크코드를 더 깊게 이해해 보시기 바랍니다.

▲ 메이크코드 튜토리얼

메이크코드만으로 코딩 공부하기

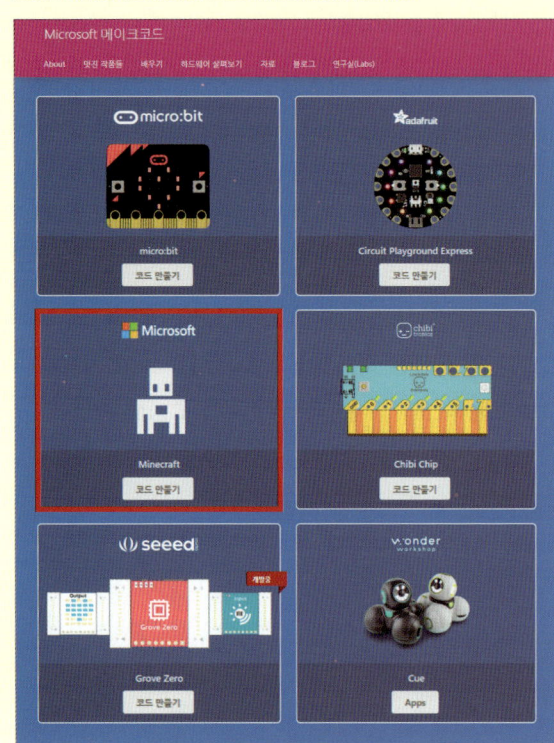

M:EE를 실행하지 않고도 메이크코드 공식페이지(https://makecode.com)에 접속해 메이크코드 편집기를 사용할 수 있습니다.

M:EE가 설치되지 않은 컴퓨터나 스마트폰으로도 언제, 어디서나 메이크코드 프로젝트를 작성할 수 있습니다.

메이크코드는 M:EE 외에도 마이크로비트(micro:bit), 서킷 플레이그라운드 익스프레스(Circuit Playgraound Express), 치비 칩 Chibi Chip), 원더 큐(Wonder Cue) 등 다양한 피지컬컴퓨팅 교구를 지원합니다.

02

마스터, 마인크래프트 에듀케이션 에디션

01

마인크래프트 에듀케이션 에디션, 마스터하기 PART I

💡 오늘의 프로젝트
마인크래프트 에듀케이션 에디션, 시작하기

지난 챕터에서는 M:EE와 코드 커넥터, 클래스룸 모드 등을 설치하고 사용환경을 만드는 방법을 살펴보았습니다. 이제부터 월드를 만들고 플레이어를 움직이는 방법, 아이템과 치트키까지 재미있는 내용이 가득한 M:EE 세계로 떠나볼까요?

STEP 1 월드 만들기

M:EE 시작화면에서 〈플레이〉 버튼을 클릭하면 월드를 직접 만들거나, 다른 친구가 만든 월드를 플레이할 수도 있습니다.

▲ 마인크래프트 시작화면

▲ 월드 만들기 또는 선택하기

어떻게 마인크래프트 월드를 생성할 수 있는지 한번 살펴볼까요?

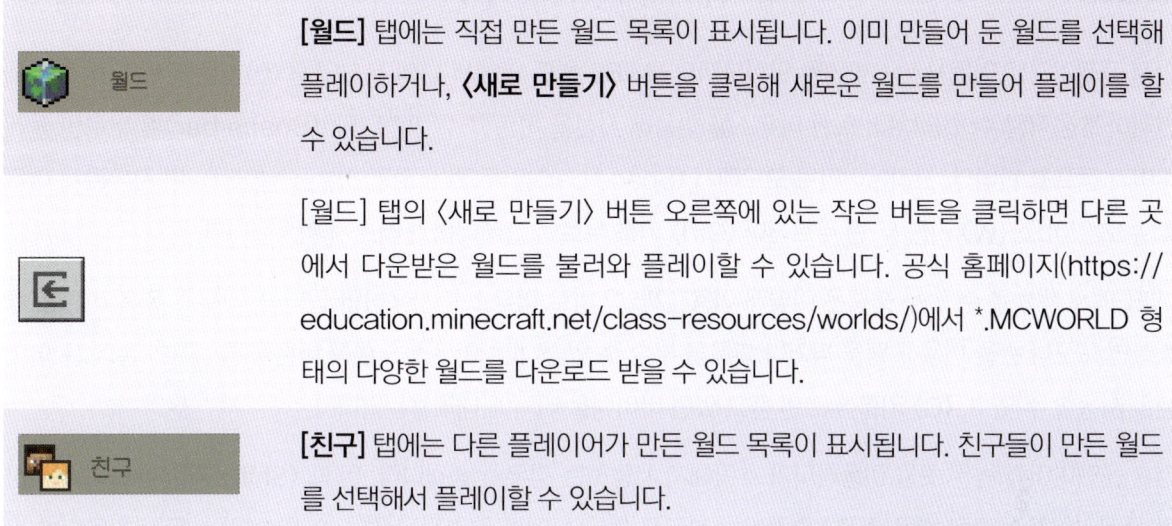

월드	**[월드]** 탭에는 직접 만든 월드 목록이 표시됩니다. 이미 만들어 둔 월드를 선택해 플레이하거나, **〈새로 만들기〉** 버튼을 클릭해 새로운 월드를 만들어 플레이를 할 수 있습니다.
←	**[월드]** 탭의 **〈새로 만들기〉** 버튼 오른쪽에 있는 작은 버튼을 클릭하면 다른 곳에서 다운받은 월드를 불러와 플레이할 수 있습니다. 공식 홈페이지(https://education.minecraft.net/class-resources/worlds/)에서 *.MCWORLD 형태의 다양한 월드를 다운로드 받을 수 있습니다.
친구	**[친구]** 탭에는 다른 플레이어가 만든 월드 목록이 표시됩니다. 친구들이 만든 월드를 선택해서 플레이할 수 있습니다.

[월드] 탭의 〈새로 만들기〉 버튼을 클릭하면 '만들기' 창이 나타납니다. 〈새 월드 만들기〉로 오리지널 월드에 자신만의 월드를 만들 수도 있고, 다양한 템플릿을 사용해서 손쉽게 월드를 만들고 플레이할 수 있습니다.

▲ 월드 '만들기' 창

'만들기' 창에서 **사용 지침** 템플릿을 선택하면 M:EE의 기본 튜토리얼을 체험할 수 있습니다. 월드에서 기본적인 플레이 방법을 익힐 수 있도록 구성된 템플릿입니다.

'Agent 체험판' 템플릿으로는 코드 커넥션을 연결한 플레이를 익힐 수 있습니다.

STEP 2 　 플레이어 움직이기

먼저 플레이어를 이동시키는 방법을 알아볼까요? M:EE 월드 안에서 나의 분신인 플레이어는 키보드를 이용해 편리하게 움직일 수 있습니다. 또한 마우스를 이용해 시선을 이동할 수 있습니다. 〈Space bar〉를 누르면 플레이어가 점프를 합니다. 크리에이티브 모드에서 〈Space bar〉를 두 번 누르면 하늘을 날아다니며 자유롭게 이동할 수도 있어요. 〈W〉 키를 두 번 누르거나 〈Ctrl〉 키를 누르면 플레이어가 빠르게 이동합니다.

M:EE에서 빼놓을 수 없는 블록은 어떻게 이용할까요? 바로 마우스를 사용하면 됩니다. 마우스 왼쪽 버튼을 클릭하면 도구나 손을 이용해 땅을 파거나 블록을 부술 수 있습니다. 마우스 오른쪽 버튼을 클릭하면 손에 든 아이템을 사용할 수 있고, 〈Q〉 키를 누르면 들고 있던 아이템을 바닥에 내려놓는답니다.

간혹 플레이어가 높은 곳을 이동하다가 추락해서 사망하는 경우가 생깁니다. 이 때 〈Shift〉 키를 누르며 이동하면 플레이어가 웅크린 채로 조심스럽게 이동하므로 블록 아래로 떨어지지 않을 수 있습니다. 또한 치트키를 사용하거나 다른 플레이어와 대화하기 위해 〈T〉 또는 〈Enter〉 키를 누르면 채팅창에 글 입력이 가능합니다.

기본 조작키 모음을 보면서 직접 플레이어를 조작해 봅시다.

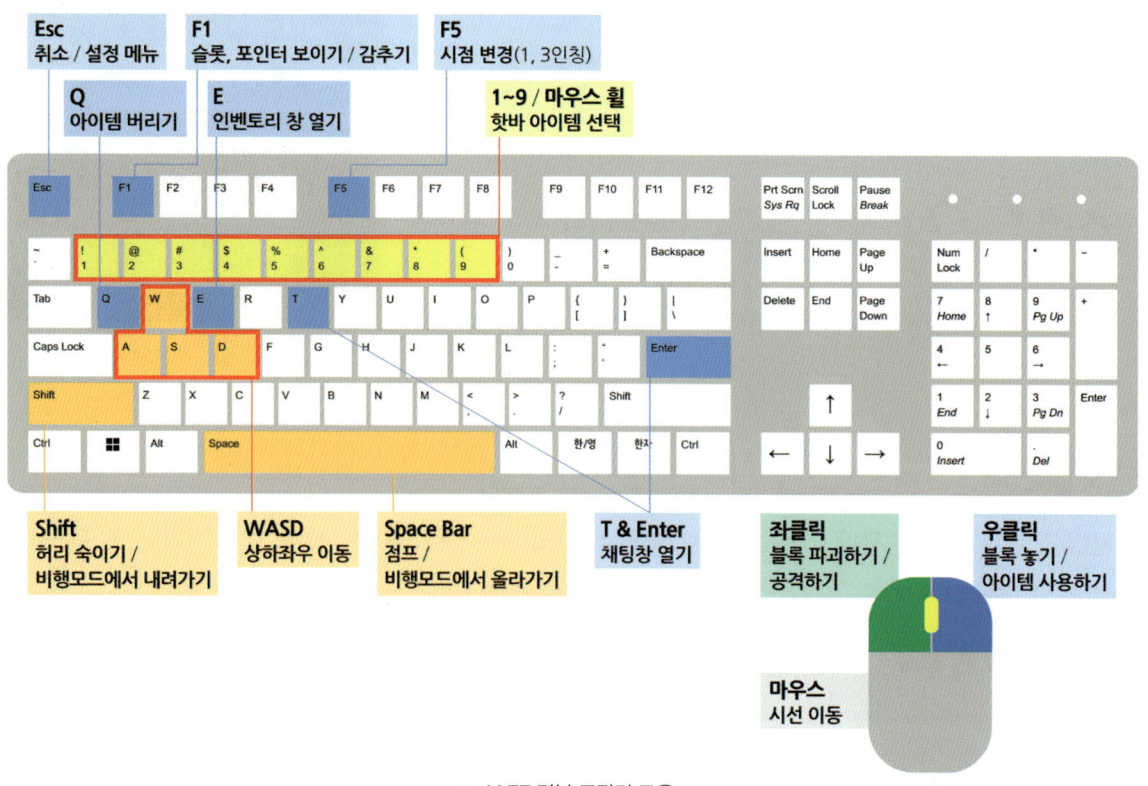

▲ M:EE 기본 조작키 모음

STEP 3   플레이어 아이템 확인하기

〈E〉 키를 누르면 아래 화면처럼 플레이어의 소지품을 확인할 수 있는 '**인벤토리**' 창이 나타납니다. 인벤토리 창은 '건축', '장비', '아이템', '자연' 등 4개의 종류로 아이템들이 분류되어 있어, 원하는 아이템을 찾기 편답니다. 아이템 아이콘의 오른쪽 아래에 '+' 기호가 표시되어 있다면 클릭해보세요. 관련된 여러 아이템을 더 자세히 확인할 수 있습니다.

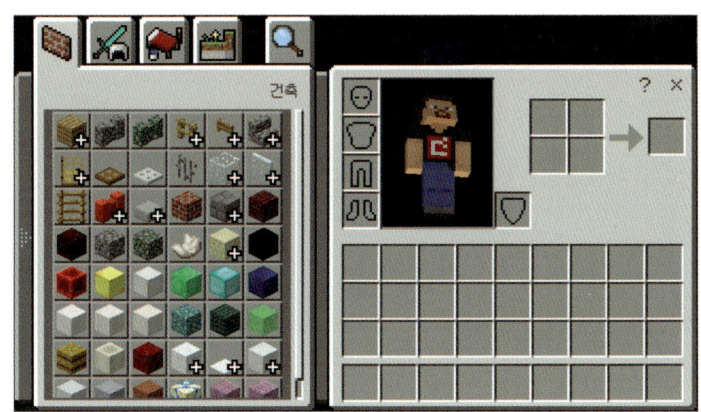

▲ M:EE 로그인 화면

탭 오른쪽에 있는 〈돋보기〉를 클릭하면 모든 아이템을 볼 수 있으며, 검색창을 이용해 특정 아이템을 바로 찾을 수도 있습니다.

▲ 아이템 검색하기

많은 아이템 중에서 자주 사용하는 아이템을 빨리 쓸 수 있도록 미리 설정할 수 있다면 정말 편리하겠죠? 실행 화면 하단에 있는 미니 인벤토리에 자주 사용하는 아이템을 장착하고 단축키로 사용할 수 있습니다. '**핫바**'라고 부르는 미니 인벤토리에는 9개 아이템 슬롯이 있습니다. 슬롯을 선택하면 플레이어가 해당 아이템을 손에 들게 됩니다. 원하는 아이템을 바로 사용할 수 있어요! **마우스 휠**을 스크롤하면 손에 든 아이템을 빠르게 바꿀 수 있습니다.

▲ 미니 인벤토리, 핫바

크리에이티브 모드와 서바이벌 모드

크리에이티브 모드에서는 어떠한 몬스터도 여러분의 플레이어를 공격하지 않습니다. 월드를 날아다닐 수도 있고, 아이템 인벤토리가 항상 가득 차 있어요. 또한 재료에 제한이 없기 때문에 여러분이 원하는 조형물이나 건축물을 만드는 미션에 적합합니다.

반면에 **서바이벌 모드**에서는 몬스터들과의 전투에서 플레이어를 생존시켜야 하고, 플레이를 성장시킬 수 있습니다. 이렇게 플레이어를 생존·성장시키면서 재미를 얻을 수 있어요. 아이템 또한 직접 구해야 하기 때문에 늘 부족함을 느낄 수밖에 없습니다.

STEP 4 마인크래프트 에듀케이션 에디션의 다양한 아이템!

M:EE에는 하나하나 설명하기 힘들 정도로 매우 많은 아이템들이 존재합니다. 이 책에서는 수많은 아이템 중에서 아주 특수한 아이템과 M:EE에만 존재하는 특별한 아이템을 살펴보려고 합니다.

▲ 건축 인벤토리

먼저 '**건축**' 인벤토리를 살펴볼까요? 빨간 테두리로 표시된 아이템을 찾아보세요. 바로 '**권한블록**'이라는 아이템입니다.

낯선 이름 때문에 어렵게 느껴지는 권한블록이 어떻게 사용되는지 살펴보겠습니다.

권한블록은 일반 블록과는 달리 특수한 기능을 가진 블록입니다. 권한 블록은 3가지 종류가 있습니다.

먼저 '**경계블록**'은 블록을 넘어서 이동을 할 수 없도록 M:EE 월드 안에서의 행동 반경을 제한해주는 역할을 합니다. 월드를 만든 플레이어가 이 경계블록을 땅 밑에 보이지 않게 설치해도 그 선을 넘어갈 수 없습니다.

두 번째의 '**허용블록**' 위에서는 자유롭게 블록 설치와 파괴가 가능합니다.

세 번째의 '**거부블록**'은 허용 블록과 반대 개념으로 이해하면 쉽습니다. 거부블록 위에서는 블록을 설치하거나 파괴하는 것이 불가능해요. 월드를 만들 때 수정되는 것을 원치 않는 부분이 있다면 그 영역 아래에 거부블록을 먼저 설치하는 것이 좋겠죠?

이제 '**아이템**' 인벤토리로 넘어가 볼까요? 중요한 5가지 아이템을 살펴보겠습니다.

▲ 아이템 인벤토리 1　　　　　　　　▲ 아이템 인벤토리 2

 '**칠판**' 아이템을 활용하면 그 날의 수업 목표 또는 모두 알아야 할 내용 등을 입력한 후, 게시할 수 있습니다.

 '**작업대**' 아이템은 서바이벌 모드로 플레이를 할 때 필요한 아이템입니다. 작업대 아이템이 있어야 여러가지 아이템들을 조합해서 새로운 아이템을 만들 수 있습니다.

 '**사진기**'와 '**포트폴리오**' 아이템입니다. 이 둘은 서로 연동되는 아이템이지요. 먼저 사진기 아이템을 이용해 마우스 오른쪽 버튼을 클릭해 사진을 찍어 둡니다. '포트폴리오' 아이템을 열면 그 날 찍은 사진들이 앨범처럼 나타납니다. 각 사진에 캡션을 달아 둘 수도 있습니다.

 '**책과 깃펜**' 아이템을 이용하면 M:EE를 플레이하는 도중에 언제든지 메모를 할 수 있습니다. 작성한 메모를 *.txt 형태로 저장할 수도 있답니다.

이제 '**자연**' 인벤토리를 살펴보겠습니다. 자연 인벤토리는 이름 그대로 흙, 돌, 씨앗, 작물, 꽃과 같은 아이템들이 있어요. 자연 인벤토리 아래쪽에는 '**NPC**'라는 독특한 아이템이 있습니다.

▲ 자연 인벤토리 안의 NPC아이템

NPC(Non-Player Character)는 게임 안에서 플레이어가 직접 조종할 수 없는 캐릭터로, 튜토리얼에서 사용됩니다. 플레이어에게 퀘스트나 안내를 하기 위해 사용되는 도우미같은 존재를 말합니다. NPC 아이템으로 이름, 대사, 외형을 바꾸어 캐릭터를 만들어낼 수 있습니다. 월드를 만든 플레이어가 다른 플레이어들에게 도움을 주기 위해 쓸 수 있는 아이템인 셈이죠. 고급 설정에서 URL 주소를 링크할 수도 있습니다.

▲ '사용지침II' 월드에 등장하는 NPC

▲ NPC 설정

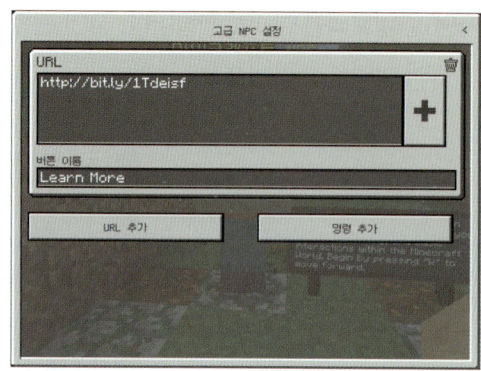
▲ NPC 고급 설정

특수 아이템과 월드빌더

앞서 살펴본 NPC 아이템의 링크 기능이나 권한 블록의 활성화는 **월드빌더** 권한이 없을 때만 가능합니다. 그렇다면 월드빌더란 무엇일까요? 이름 그대로 M:EE 월드에 존재하는 오브젝트들을 마음대로 수정할 수 있는 신과 같은 권한을 말합니다. 채팅창에 '**/wb**' 명령어를 입력하는 것으로 월드빌더 권한을 켜고 끌 수 있습니다.

02 마스터, 마인크래프트 에듀케이션 에디션

STEP 5   마인크래프트 에듀케이션 에디션의 치트키!

다른 여러 게임들처럼 M:EE에서도 많은 치트키가 존재합니다. 너무 많은 치트키가 존재하기 때문에 모든 치트키를 기억할 수는 없지만 자주 쓰이는 치트키를 알아둔다면 플레이할 때 많은 도움이 되겠죠?

그럼 지금부터 유용한 치트키를 알아보겠습니다. 화면에서 〈Enter〉 키를 눌러 채팅창을 연 뒤에 〈/〉 키를 입력하면 다양한 치트키를 볼 수 있습니다.

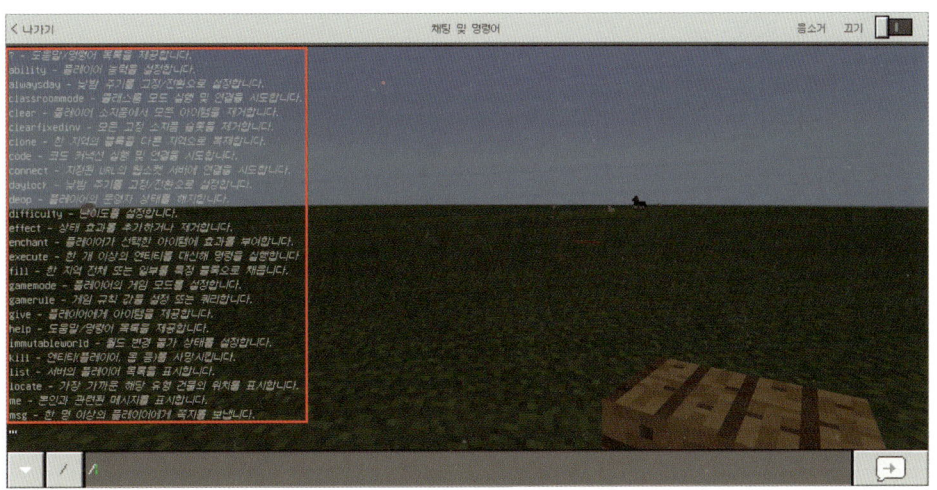

▲ 채팅 및 명령어 창에서 치트키 확인하기

먼저 '**날씨**'와 관련된 치트키를 살펴보겠습니다. '**/weather clear**', '**/weather rain**', '**/weather thunder**'처럼 '/weather {상태}' 형태로 입력하면 됩니다. 여기서 주의할 점은 '/weather'를 입력한 후 한 칸 띄고 날씨 상태를 입력해야 치트키가 활성화 된다는 점입니다.

▲ 날씨 치트키

다음은 '**시간**'과 관련된 치트키를 알아보겠습니다. '**/time set day**', '**/time set night**'와 같이 '/time set {시간}' 형태로 입력하면 됩니다. 어두우면 플레이어들이 활동하기에 불편하기 때문에 시간을 낮으로 설정해두면 편리하답니다.

▲ 시간 치트키

'**순간이동**' 치트키도 자주 사용됩니다. 다 같이 한 곳에 모여야 하거나 어느 특정 장소로 이동해야 할 경우에 유용하게 사용됩니다. '**/teleport**' 또는 줄임말인 '**/tp**' 둘 다 사용됩니다. '/tp {이동시킬 타겟} {목적지 또는 목적 타겟}' 형태로 입력하면 됩니다. '이동시킬 타겟'을 하나씩 지정하지 않고 '**@a**'를 사용하면 모든 플레이어를 한 번에 이동시킬 수 있습니다. 목적지는 XYZ 좌표값을 숫자로 입력해야 합니다. XYZ 좌표값은 챕터3에서 자세히 다루고 있습니다.

▲ 순간이동 치트키

마지막으로 다른 플레이어에게 아이템을 주는 치트키를 알아보겠습니다. '**/give** {타겟} {아이템} {개수}' 형태로 입력하면 됩니다. 순간이동 치트키와 마찬가지로 '@a'로 모든 플레이어에게 아이템을 한 번에 전달할 수 있습니다.

▲ 아이템 이동 치트키

월드의 날씨와 시간 고정하기

플레이할 때마다 치트키를 써서 날씨와 시간을 바꾸는 것이 귀찮다면 '**설정**' 기능으로 월드의 날씨와 시간을 고정해둘 수 있습니다. 설정하면 바꾸기 전까지 지정한 날씨와 시간이 계속해서 유지가 된답니다.

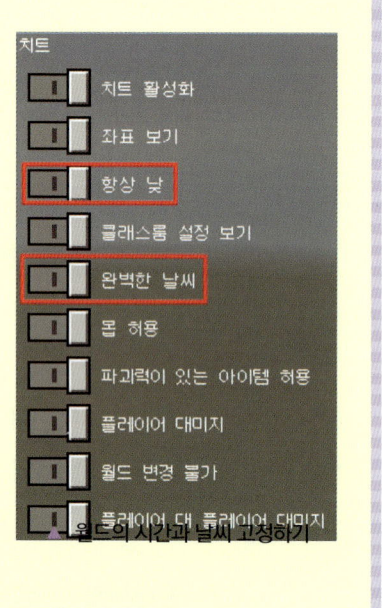

▲ 월드의 시간과 날씨 고정하기

프로젝트 업그레이드 | 나만의 집 만들기

새로운 월드 만들기부터 플레이어 움직이기, 아이템 사용하기 등 많은 단계를 직접 체험해보지 않는다면 M:EE 크래프트를 제대로 이해할 수 없겠죠? 이제부터 앞에서 다룬 내용들을 적용해 보는 프로젝트 활동을 해봅시다.

크리에이티브 모드로 월드를 생성해서 플레이어를 직접 움직여 보고, 앞서 살펴본 여러 아이템을 사용해서 나만의 집을 만들어봅시다. 이 활동을 통해 M:EE의 기본적인 조작법을 익혀보도록 합시다.

다른 플레이어들이 만든 건축물을 보면서 나만의 집을 완성해보세요. 완성한 집은 바로 다음 프로젝트에서 또 사용되므로 꼭 저장해주세요!

▲ Town 템플릿 안의 건축물

학생들의 다양한 건축물을 둘러보세요. 멋지지 않나요?

02

마인크래프트 에듀케이션 에디션, 마스터하기 PART II

💡 오늘의 프로젝트
마인크래프트 에듀케이션 에디션, 활용하기

앞서 M:EE에서 월드를 만들고 플레이어를 움직이는 방법, 특별한 아이템과 유용한 치트키까지 재미있는 내용을 살펴보았습니다. 이제부터는 이전에 배운 내용들로 월드 안에서 정원을 만들어 가꾸고, 농작물을 재배하는 프로젝트 활동을 해보겠습니다. 기대되지 않나요?

STEP 1 정원 가꾸기

M:EE 월드에서도 현실 세계에서 정원을 가꾸듯이 나만의 정원을 예쁘게 만들고 가꿀 수 있습니다. 내가 만든 집에 조그만 정원을 만들고 예쁘게 꾸며 놓는다면 집이 더 아늑하고 평화롭게 느껴지겠죠? 정원을 만들기 위해서는 다양한 아이템이 필요합니다. 울타리와 꽃, 돌, 나무 또는 나무블록, 물을 담는 양동이 등 여러 아이템을 핫바에 미리 준비해주세요. 이제부터 여러 아이템을 활용해서 멋진 정원을 직접 만들어 봅시다.

먼저, 다른 플레이어가 만든 정원을 둘러볼까요?

▲ 예시 작품 1

▲ 예시 작품 2

1단계 울타리 만들기

먼저 만들고 싶은 정원의 크기를 생각해보세요. 땅 위에 울타리를 먼저 설치해서 정원이 될 공간을 표시해봅시다.

▲ 울타리 만들기

2단계 정원 안에 구역 나누기

목재나 돌을 이용해 길을 만들어 정원 안에서 구역을 나눠보세요. 길로 구역을 만들면 길 위를 오가면서 산책을 할 수도 있고 구역별로 식물들을 심어 예쁘게 키울 수 있답니다. 길을 만들기 위해서는 먼저 땅을 한 블록 높이로 파낸 후 선택한 블록으로 채워줘야 합니다.

▲ 정원 안에 길 만들기

3단계 꽃과 나무 심기

자연 인벤토리에서 원하는 꽃과 묘목 등 다양한 식물들을 선택한 후, 정원에 심어보세요.

▲ 자연 인벤토리

▲ 정원에 꽃 심기

4단계 정원 꾸미기

정원을 멋스러운 분위기로 꾸미기 위해서는 작은 연못이나 벤치를 두어도 좋습니다. 다양한 아이템으로 멋진 정원을 가꿔보세요.

▲ 연못 만들기

STEP 2 농장 만들기

이번에는 집 주변에 농장을 만들고 농작물을 키워봅시다. 푸르른 농작물 사이에서 풍요로움을 느낄 수 있을거에요. 자신만의 농장을 갖는다는 것은 집 근처에서 항상 음식 자원을 구할 수 있다는 것을 의미합니다. 서바이벌 모드에서는 이와 같은 농장이 특히나 더 중요하겠죠? 이제부터 직접 땅을 개간하고 밀, 호박, 감자, 당근과 같은 농작물을 재배해봅시다.

먼저 다른 플레이어가 만든 농장을 잠시 둘러볼까요?

▲ 예시 작품 1

▲ 예시 작품 2

1단계 농사에 필요한 아이템 갖추기

먼저 **자연** 인벤토리에서 내가 심고 싶은 작물의 씨앗을 선택하고 핫바에 등록해주세요. **핫바**를 이용하면 빠르게 작업할 수 있다는 것을 잊지 마세요! 농작물을 심기 위해서는 꽃을 심는 것과 다르게 땅을 먼저 개간해야 합니다. 땅을 개간하려면 '**돌괭이**' 아이템이 필요해요. 장비 인벤토리에서 돌괭이를 선택한 후, 핫바에 옮겨 놓으세요. 농작물이 자라는 데에 필요한 것은 또 무엇이 있을까요? 바로 물이지요. 물을 주기 위해서는 '**물양동이**' 아이템이 필요합니다. 필요한 아이템이 모두 준비되었는지 핫바를 다시 한 번 확인해주세요.

▲ 장비 인벤토리의 돌괭이

▲ 농사에 필요한 아이템들

2단계 땅 개간하기

이제 아이템이 다 준비되었으니 본격적으로 땅을 개간하고 농장을 만들어 보도록 할까요? 먼저 땅을 파고 수로를 만들어 개간할 땅을 나눈 후 물양동이를 이용해 물을 부어보세요. 그런 다음 준비된 괭이를 선택하고 마우스 오른쪽 버튼을 클릭해서 땅을 개간해봅시다.

▲ 땅 파기

▲ 수로 만들기

▲ 괭이로 개간하기

3단계 씨앗 뿌리기

땅을 개간한 곳에 씨앗을 뿌려 보세요.

▲ 씨앗 뿌리기

4단계 울타리 만들기

서바이벌 모드에서는 울타리가 없을 경우, 농장을 보호하기 어렵습니다. 정원을 만들 때처럼 울타리를 설치해 주세요.

▲ 울타리 만들기

5단계 작물 수확하기

농장에 심은 작물이 자랄 때까지 기다린 후에 작물을 수확해보세요. 빛은 씨앗의 성장을 도와주기 때문에 밭 옆에 햇불을 배치하면 좋아요. **'뼛가루'** 아이템을 사용하면 작물이 자라는 시간을 절약할 수 있습니다. **자연** 인벤토리에 있는 뼛가루를 마우스 오른쪽 버튼으로 클릭해 사용하면 작물이 즉시 다 자란 상태가 됩니다.

▲ 자연 인벤토리의 '뼛가루' 아이템

▲ 뼛가루로 농작물 빠르게 키우기

'**균사체**' 블록을 배치하면 그 위에 버섯을 재배할 수도 있습니다. 향긋한 버섯 냄새가 느껴지는 것 같습니다.

▲ 자연 인벤토리의 '균사체' 블록

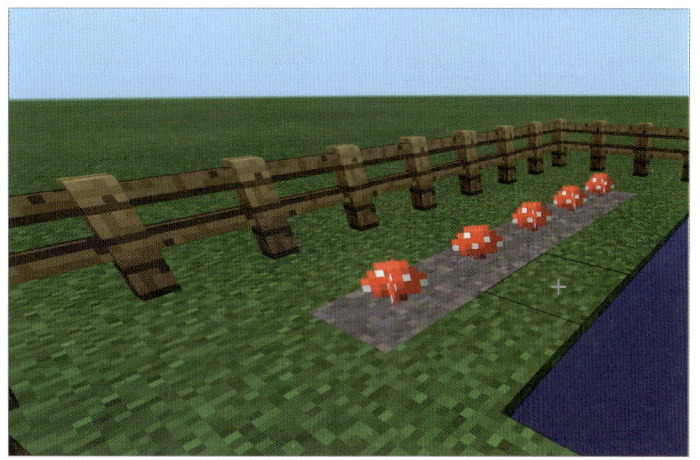

▲ 균사체 블록 위에 버섯 심기

STEP 3 레드스톤 이해하기

'**레드스톤**'은 M:EE의 엄청난 가능성을 열어주는 놀라운 아이템입니다. 레드스톤을 어떻게 연결하는지, 그리고 레드스톤이 어떻게 다른 블록들을 제어하는지 알게 된다면 M:EE의 마스터가 될 수도 있습니다. 레드스톤 관련 재료들은 아이템 인벤토리에서 찾을 수 있습니다.

지금부터 레드스톤의 기본적인 사용방법을 알아봅시다. 레드스톤 관련 아이템들은 크게 4가지 종류로, '레드스톤 가루', '전원공급 장치', '작동 장치', '레드스톤 탐지기'로 구분할 수 있습니다.

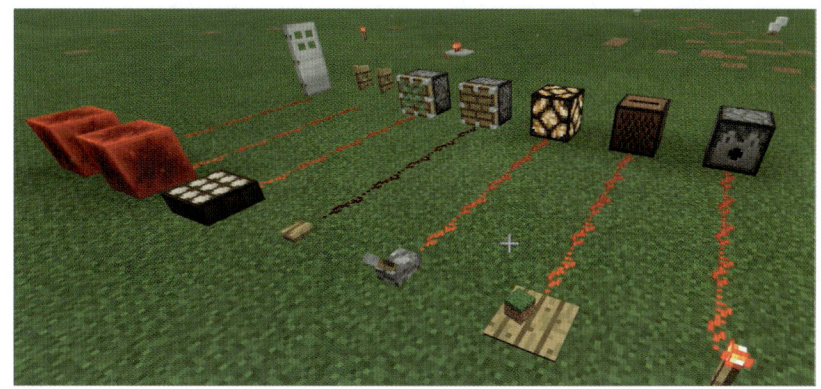

▲ 전원공급 장치와 레드스톤 가루, 작동 장치를 연결한 모습

레드스톤 가루

먼저 가장 기본적인 아이템인 레드스톤 가루를 살펴보겠습니다. 레드스톤 활용에 가장 기본이 되는 것이 바로 이 레드스톤 가루입니다. **레드스톤 가루**는 대부분의 레드스톤 회로에 꼭 필요한 재료로 매우 강력하며 회로에서 전선 같은 역할을 합니다. 전원공급 장치와 레드스톤 탐지기, 작동장치를 연결하고 신호를 전달해 줍니다. 작동하고 있을 때는 레드스톤 가루에서 빛이 나고, 작동을 하지 않을 때는 검붉은 색의 가루로 보인답니다. 서바이벌 모드에서는 레드스톤 광석을 캐서 레드스톤 가루를 얻어야 하지만, 크리에이티브 모드에서는 레드스톤 가루가 무제한 공급됩니다.

▲ 레드스톤

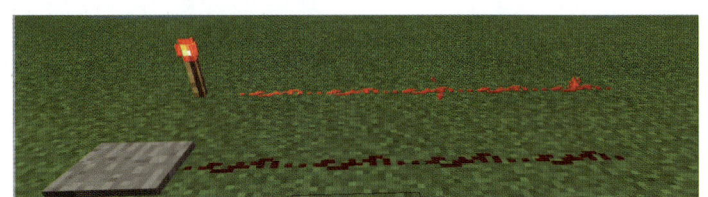

▲ 돌 감압판과 레드스톤 횃불을 레드스톤 가루로 연결하기

전원공급 장치

다음으로 살펴볼 아이템은 **전원공급 장치**입니다. 아래 그림과 같은 장치들입니다. 아래 그림의 왼쪽부터 '일광센서', '레드스톤 횃불', '돌 감압판'과 '나무 감압판', '손잡이', '버튼', '트립와이어 후크', '레드스톤 블록'이라고 부릅니다. 각각의 아이템들은 전원을 공급한다는 공통점이 있지만 전원이 공급되는 시간이나 방법에는 조금씩 차이가 있습니다. 하나씩 살펴볼까요?

▲ 레드스톤 전원공급 장치

일광센서	말 그대로 빛으로 전원이 공급되는 장치입니다. 햇빛이 있는 동안은 전원이 공급됩니다.
레드스톤 횃불	레드스톤 횃불은 레드스톤 가루로 연결하면 자동으로 신호가 전달됩니다.
감압판	감압판을 무언가가 밟아야만 전원이 공급됩니다. 감압판의 종류는 재료에 따라 구분되며 돌과 나무 외에도 2종류가 더 있습니다. 각각의 감압판은 조금씩 차이가 있으니 직접 확인해보세요.

손잡이와 버튼	마우스 오른쪽 버튼을 클릭해 작동시킬 수 있습니다만 둘 사이에는 아주 중요한 차이점이 있습니다. 손잡이는 한 번 작동시키면 계속 유지되지만, 버튼은 클릭했을 때만 일시적으로 신호를 전달한답니다.
트립와이어 후크	트립와이어 후크를 사용하려면 2개의 트립와이어 후크와 연결할 블록 2개, 실이라는 아이템이 필요합니다. 눈치 채셨나요? 바로 '함정 장치'를 만들 때 많이 쓰이는 아이템이랍니다. 트립와이어 후크로 연결된 사이를 지나가다가 실을 건드리면 함정 장치가 작동이 됩니다. 뒤에 나올 발사장치와 연결해서 사용되곤 합니다.
레드스톤 블록	레드스톤 전원공급 장치 중에서 가장 강한 아이템으로, 신호가 계속 유지되는 장치입니다.

작동 장치

전원이 공급되면 레드스톤이 전달되어 작동을 하겠죠? 작동을 확인할 수 있는 아이템이 바로 **작동 장치**입니다. 아래 그림에서 왼쪽부터 '문', '울타리 문', '끈끈이 피스톤', '피스톤', '레드스톤 램프', '주크박스', '디스펜서(발사 장치)'입니다.

▲ 레드스톤 작동 장치

문과 울타리 문	집이나 정원 울타리에 설치할 수 있습니다. 레드스톤을 이용하면 자동문을 만들 수 있습니다.
피스톤과 끈끈이 피스톤과	블록을 물리적으로 움직일 수 있는 레드스톤 회로로, 가장 혁신적인 장치입니다. 동력이 주어지면 피스톤은 블록을 앞으로 밀어낼 수 있습니다. 피스톤을 이용하면 창의적인 장치들을 무궁무진하게 만들어 낼 수 있답니다.
레드스톤 램프	손잡이나 버튼과 함께 집을 멋지게 꾸밀 수 있는 조명장치를 만들 수 있습니다.
주크박스	전원이 공급되면 음악이 재생되는 장치입니다.
디스펜서	상자 안에 화살, 폭죽 등의 아이템을 넣고 전원을 공급해서 발사시키는 발사 장치입니다.

레드스톤 탐지기

레드스톤 가루로 신호를 전송할 때는 전원으로부터 최대 15블록 거리까지 전송이 가능합니다. 거리가 멀어질수록 신호의 세기가 약해져요. 시각적으로도 신호의 세기가 약해지는 것이 보이지요? 이 신호 전송의 한계를 없애고, 더욱 길고 강하게 전송하도록 도와주는 기능을 하는 것이 **레드스톤 탐지기**입니다.

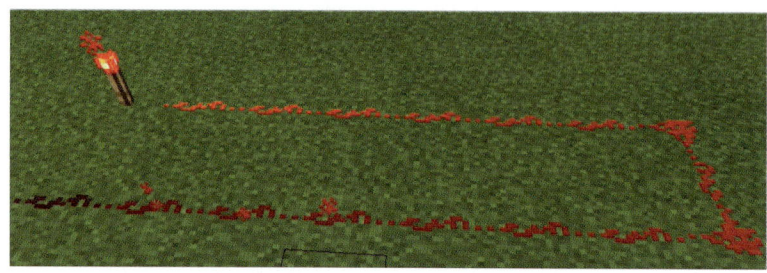

▲ 레드스톤 신호가 점점 약해지는 모습

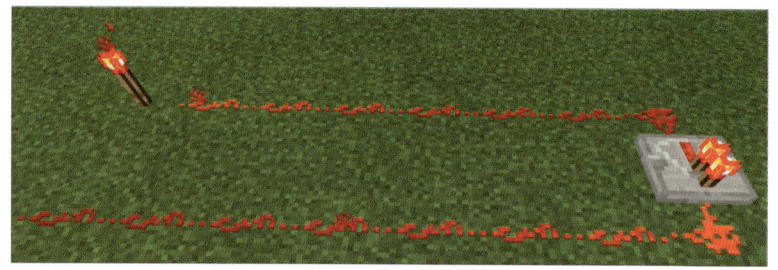

▲ 레드스톤 탐지기를 사용해 신호를 증폭시킨 모습

STEP 4　레드스톤 활용하기

이제 레드스톤을 활용해서 자동문을 만들어 보도록 하겠습니다.

1단계　재료 준비하기

먼저 자동문을 만들기 위해 필요한 재료들을 준비해주세요. **레드스톤, 감압판, 레드스톤 탐지기, 끈끈이 피스톤, 레드스톤 횃불, 유리블록, 철블록**을 준비하도록 합시다.

▲ 자동문 만들기에 필요한 재료

2단계 　 땅 파기

아래 그림과 같이 가로 8칸 길이의 땅을 판 후, 양쪽 가장자리에 1칸씩을 남겨두고 가운데는 1칸 더 깊이 파주세요. 땅을 파는 이유는 레드스톤 회로를 땅 아래에 묻기 위해서입니다. 깔끔한 문을 만들기 위해서 꼭 땅을 파주세요.

▲ 자동문을 만들기 위한 땅 파기

3단계 　 레드스톤 탐지기 설치하기

레드스톤 탐지기를 가장자리로부터 2번째 칸에 설치해주세요. 이때, 탐지기의 방향이 아래 그림과 같이 가로로 놓이도록 설치해야 합니다. 그래야 레드스톤 회로가 가로로 연결된답니다. 이로써 땅 밑 작업은 끝이 났습니다.

▲ 레드스톤 작동 회로 만들기

4단계 끈끈이 피스톤 설치하기

이제 땅을 파고 설치한 레드스톤 회로를 가려보겠습니다. 준비한 **철블록**을 설치해서 회로가 보이지 않도록 가려주세요. 그리고 아래 그림과 같이 철블록의 대각선으로 **끈끈이 피스톤**을 설치해주세요.

▲ 끈끈이 피스톤 설치 및 회로 가리기

5단계 레드스톤 횃불 설치하기

이제 **레드스톤 횃불**을 설치하고 그 위에 **철블록**을 하나씩 더 설치해주세요. 레드스톤 횃불에 레드스톤 회로를 연결할 때는 횃불과 동일한 높이 뿐만 아니라 세로로 1칸씩 위, 아래에도 연결된다는 것 잊지 마세요. 플레이어의 키가 세로로 2칸을 차지하기 때문에 문을 만들 때는 2칸 이상의 높이가 되도록 만들어야 한답니다.

▲ 레드스톤 횃불 설치 및 유리문 설치

6단계   맞은편 레드스톤 회로 설치하기

5단계까지 완성했다면 문이 열릴 겁니다. 문이 작동하는지 확인하셨나요? 이제 반대편으로 가서 2~5단계에서 했던 것처럼 땅을 파고 레드스톤 회로를 설치한 후 서로 연결해주세요.

▲ 반대쪽 반복 작업

7단계   벽을 쌓아 외관 작업하기

문이 양 쪽에서 모두 작동한다면 자동문이 완성된 겁니다. 자동문을 설치한 후에는 원하는 블록으로 외관을 깔끔하게 가려줍니다.

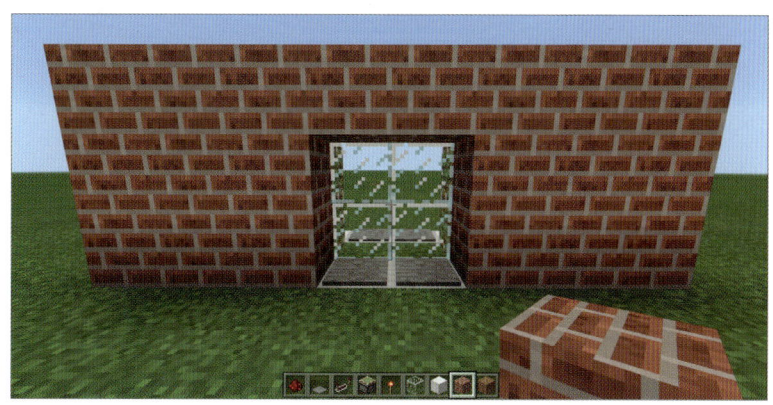

▲ 외관 작업으로 마무리하기

아직도 레드스톤이 어렵게 느껴지시나요? 그렇다면 '**사용지침 II**' 월드를 불러온 뒤, '**레드스톤 교육센터**'를 방문해 보세요. 직접 체험하면서 레드스톤의 원리를 배울 수 있답니다.

프로젝트 업그레이드 | 나만의 집, 리모델링하기

이번 챕터에서 익힌 아이템을 활용하면 지난 챕터에서 만든 나만의 집을 멋있게 꾸밀 수 있어요. 집 주변에 멋진 정원을 꾸미고, 풍부한 식량을 얻을 수 있는 농장을 만들어 보세요. 그리고 레드스톤을 이용해 여러분의 집에 자동문을 설치해보세요. 집 안에는 레드스톤 램프와 스위치를 이용해 켜고 끌 수 있는 조명도 만들어 보세요. 더욱 멋진 집이 될 겁니다!

나의 아바타, 플레이어

01

플레이어 코드블록 이해하기

> 💡 **오늘의 프로젝트**
> ### 플레이어 코드블록으로 간단한 코드 만들기

M:EE 월드의 주인은 바로 게임을 즐기는 우리들입니다. 우리는 M:EE 세상 속을 자유롭게 탐험하기도 하고, 원하는 것들을 만들 수 있습니다. 하지만 때로는 이런 과정이 단순하고 지루하게 느껴질 수 있습니다. 땅을 일구거나, 집을 짓기 위해 벽돌을 일일이 늘어놓는 것은 생각보다 귀찮은 일이거든요. 하지만 메이크코드의 코드블록을 이용하면 여러분이 원하는 장소에 원하는 건물을 손쉽게 지을 수도 있고, 원하는 동물과 아이템을 소환할 수도 있습니다. 그것도 한 단어로 말이죠!

내가 말하는 대로 이루어지는 세상, 마치 신이 된 듯한 느낌이 들기도 합니다. 이러한 일을 가능하게 해주는 것이 바로 플레이어 코드블록입니다. 이번 챕터에서는 플레이어 코드블록의 특징을 이해하고, 명령어를 코딩해보려고 합니다. 다양한 플레이어 코드블록을 이용해서 재미있는 명령어를 만들어 봅시다.

03 나의 아바타, 플레이어

STEP 1 플레이어 코드블록의 기능 알아보기

M:EE 시작화면에서 〈플레이〉 버튼을 클릭하면 월드를 직접 만들거나, 다른 친구가 만든 월드를 플레이할 수도 있습니다.

플레이어를 움직일 수 있는 코드블록은 바로 **[플레이어]** 카테고리에 있습니다. [플레이어] 카테고리에는 모두 14가지의 플레이어 코드블록이 있습니다. 각각의 코드블록은 무슨 역할을 하는 걸까요? 지금부터 직접 코드를 입력하면서 코드블록이 어떠한 역할을 하는지 살펴보겠습니다.

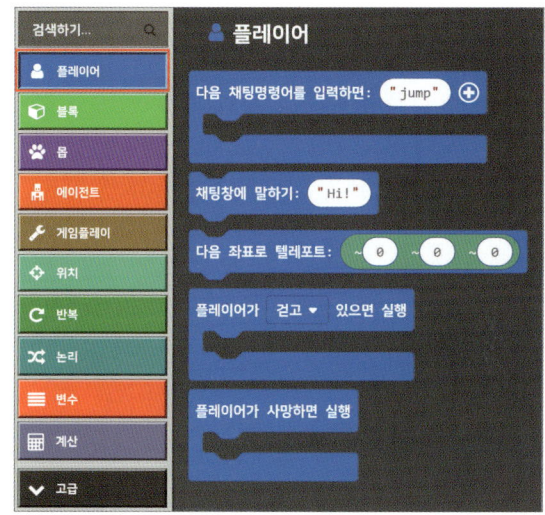
▲ 플레이어 카테고리

먼저 [**다음 채팅명령어를 입력하면**]과 [**채팅창에 말하기**] 코드블록을 이용해 다음 코드를 만들고 실행해보세요. 채팅창에서 〈Enter〉키를 누른 후 '인사'라고 입력하면 코드가 실행됩니다

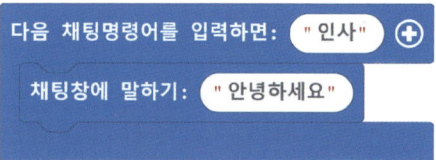
▲ '안녕하세요' 코딩하기

코드를 실행해 보셨나요? '인사'라는 단어를 입력하면 '안녕하세요'라는 단어가 채팅창에 표시됩니다. 이처럼 [채팅창에 말하기] 코드블록을 사용하면 지정한 단어를 이용해 채팅창에서 실행되는 코드를 만들 수 있습니다. 아직은 미리 지정한 단어만 화면에 나타나도록 코딩할 수 있지만, 여러분이 이 책의 마지막 챕터를 볼 때 쯤이면 '집'이라는 간단한 단어를 입력하는 것만으로 멋진 집을 뚝딱 완성하는 코드를 작성할 수 있게 될 겁니다!

▲ [채팅창에 말하기] 코드블록

57

[채팅 창에 말하기] 코드블록과 비슷한 역할을 하는 코드블록이 또 있습니다.

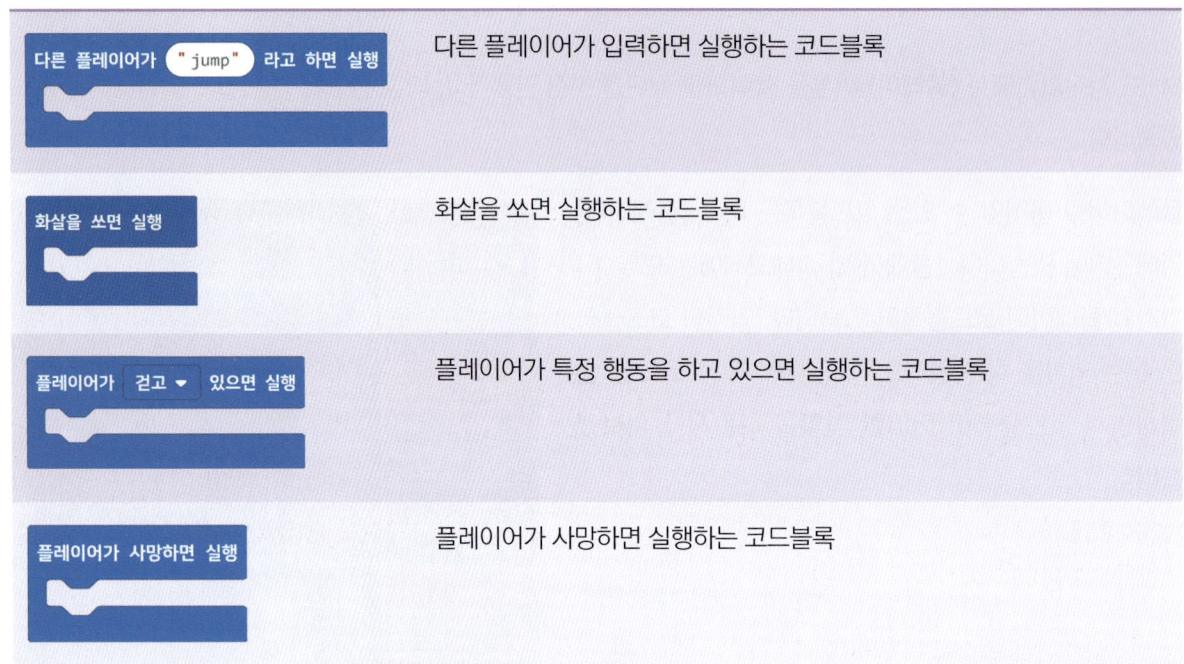

앞에서 살펴본 코드블록들은 지정한 조건을 만족하면 작성한 코드를 실행해줍니다. [게임플레이] 카테고리에 있는 코드블록을 같이 사용해서 실제로 실행되는 코드를 만들어 볼까요?

다른 플레이어가 '텔레포트'라고 입력하면 지정된 좌표로 텔레포트 시켜줍니다

화살을 쏘면 천둥번개가 치도록 날씨를 바꿔줍니다.

플레이어가 걷고 있으면 모든 사람에게 플레이어 이름을 말하게 됩니다. 플레이어의 이름을 모든 유저에게 알려줄 수 있습니다.

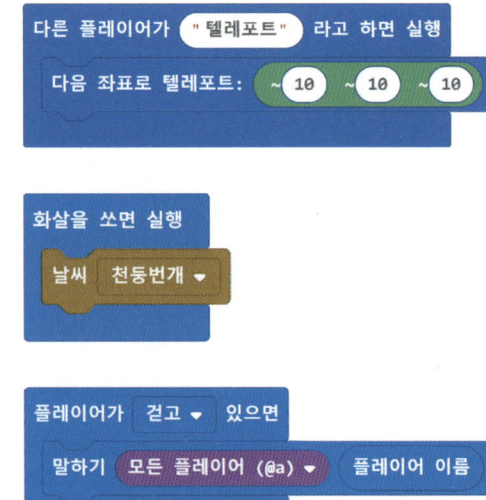

플레이어가 사망하면 밤이 되어 어두워집니다.

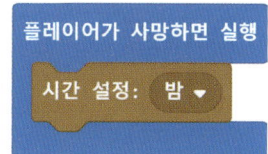

여러분이 만든 코드를 실행해보셨나요? 시간을 변경해 낮과 밤을 바꿀 수도 있고, 날씨를 바꿀 수도 있습니다. 가운데가 비어 있는 코드블록에는 조건이 만족되면 무엇을 실행할 지 결정해주는 블록들을 끼워 넣으면 됩니다. 코드블록들을 서로 끼워 맞추면서 많은 일을 할 수 있습니다.

가운데가 비어 있는 코드블록에는 비어있는 곳 안에 결과적으로 실행할 코드블록을 반드시 끼워 넣어야 합니다. 그 중에서도 특히 중요한 코드블록들을 몇 가지 알아볼까요?

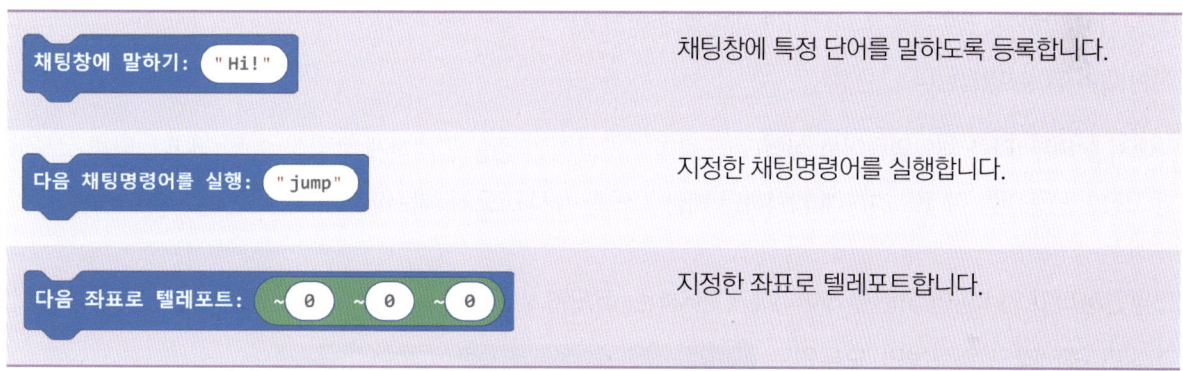

앞에서 살펴본 코드블록들은 지정된 말을 채팅창에 보여주거나, 다른 명령을 가져올 때, 또는 원하는 위치로 텔레포트할 때 사용할 수 있습니다. 단, 해당 블록만으로는 실행할 수 없다는 것 잊지 마세요!

다음 코드를 만들어 실행하면 코드블록들이 어떤 역할을 하는지 더 명확하게 알 수 있습니다.

'안녕!'이라고 입력하면 채팅창에 '안녕~!'이라고 말할 수 있습니다.

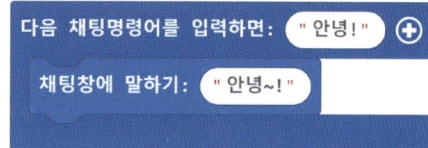

'인사하기'라고 입력하면 채팅창에 '안녕~!'이라고 말할 수 있습니다.

'텔레포트'라고 입력하면 플레이어를 지정된 좌표로 텔레포트할 수 있습니다.

[다른 플레이어가 ~라고 하면 실행] 코드블록과 같이 사용하면 친구의 말에 자동으로 대답할 수도 있습니다. 친구들의 인사를 놓칠 일이 없죠!

[채팅창에 말하기] 코드블록을 사용하면 채팅창에 미리 지정한 말을 할 수 있습니다.

앞에서 살펴본 [다음 채팅명령어를 실행] 코드블록을 사용하면 정말 편리하게 코딩할 수 있습니다. 다른 코드에서 지정한 명령어를 이 코드블록에 입력하면 해당 코드를 가지고 오기 때문입니다.

'모두인사'라고 입력하면 모든 플레이어에게 인사하는 코드를 만들어봅시다.

그리고 '즐'이라고 입력하면 '모두인사'라는 채팅명령어가 실행되도록 코드를 만들어보세요.

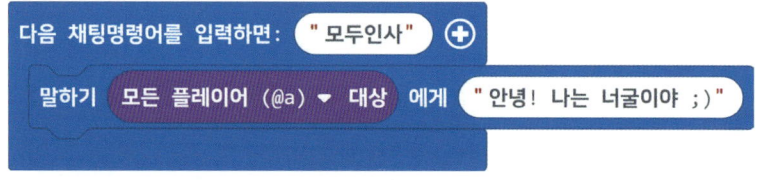

채팅창에 '즐'이라고 입력하면, '모두인사'를 입력할 때 실행되는 코드를 불러와 실행해줍니다.

[다음 채팅명령어를 실행] 코드블록으로 코드를 간단하게!

자주 사용하는 코드를 [**다음 채팅명령어를 입력하면: ~**] 코드블록으로 미리 작성해두고, [다음 채팅명령어를 실행] 코드블록으로 불러와 사용하면 길고 복잡한 코드도 간단하게 작성할 수 있습니다.

실행되는 코드블록들!

가운데가 비어 있는 코드블록들은 무엇인가를 실행해주는 코드블록입니다. 아무리 코드를 열심히 만들어도 '실행'시켜주는 코드블록이 없다면 코드를 사용할 수가 없습니다.

실행 코드블록은 주로 [플레이어], [반복] 카테고리에 많이 들어있습니다. 물론 [블록], [몹], [논리] 카테고리에도 일부 포함되어 있습니다. 특히 [몹] 카테고리의 (몹 ~이 죽었다면 실행) 코드블록은 몹이 죽었을 때 여러가지 행동을 할 수 있게 해주는 재미있는 코드블록입니다.

STEP 2 좌표로 내 위치 확인하기

여러분, (다음 좌표로 텔레포트) 코드블록을 사용해 원하는 위치로 쉽게 이동할 수 있었나요? '코드블록 안에 숫자를 변경하면 원하는 위치로 갈 수 있지 않을까' 하는 생각이 들어 숫자를 바꿔 보셨을 겁니다. 하지만 숫자를 입력해 원하는 위치로 이동하는 것이 그리 쉽지 않다고 느끼셨을 겁니다. 원하는 위치로 쉽게 이동하기 위해서는 먼저 M:EE에서 위치를 어떻게 표시하는지 이해하는 것이 필요합니다.

우리는 보통 방향을 나타낼 때 위, 아래, 왼쪽, 오른쪽, 앞, 뒤 등으로 표현하곤 합니다. 두 사람이 마주보고 있다고 생각해보세요. 이 때 한 사람이 오른쪽을 가리키면 마주보고 있는 사람에게 어떻게 보일까요? 왼쪽을 가리키는 것처럼 보일 겁니다. 이렇듯 위, 아래, 왼쪽, 오른쪽 등의 표현은 서로 달리 이해할 수 있어서 정확한 방향과 위치를 표현하기 어렵습니다. 그렇다면 어떻게 플레이어나 사물의 위치를 정확하게 표현할 수 있을까요?

M:EE는 플레이어나 사물의 정확한 위치를 표시하기 위해서 **좌표**를 사용합니다. 플레이어의 현재 위치, 즉 좌표 값은 M:EE 화면 왼쪽에서 확인할 수 있습니다.

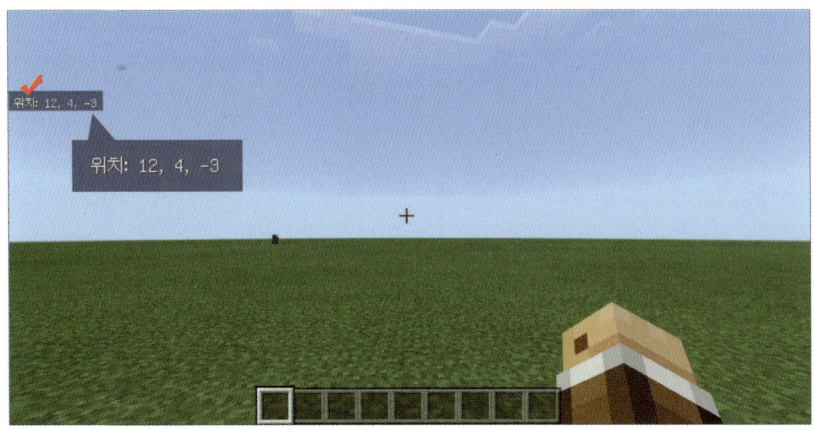

▲ M:EE에서 좌표로 플레이어의 위치 확인하기

만약 M:EE에 좌표가 나타나지 않는다면 [설정 > 게임] 메뉴에서 '치트' 카테고리에 있는 '**좌표 보기**' 옵션을 켜주세요.

▲ [설정 > 게임] 메뉴

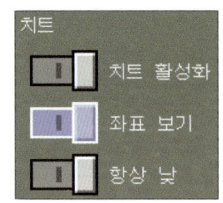

▲ 좌표 보기 옵션 활성화

지금부터 좌표가 어떤 값으로 구성되어 있는지 살펴봅시다. 좌표는 총 3개의 숫자로 이루어져 있는데, 각각의 숫자를 X, Y, Z 좌표라고 부릅니다. 각 좌표가 무엇을 의미할까요? **X좌표**는 동쪽 방향, **Y좌표**는 하늘 방향, **Z좌표**는 남쪽 방향으로 얼마나 멀리 떨어져 있는지를 나타냅니다.

XYZ 좌표 체계에서 X와 Y 그리고 Z가 만나는 시작점의 좌표는 어떻게 될까요? 어느 방향으로도 움직이지 않았기 때문에 좌표값은 각각 '**0, 0, 0**'이 됩니다. 이 지점을 '**원점**'이라고 부릅니다.

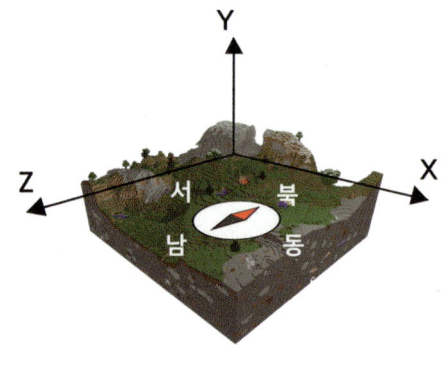

▲ 3차원 위치를 표현할 수 있는 X, Y, Z 좌표

앞에서 연습해보았던 (**다음 좌표로 텔레포트**) 코드블록의 좌표값을 '0, 35, 0'이라고 지정하면 어떻게 움직이게 될까요? 동쪽, 남쪽으로는 움직이지 않은 상태에서 공중으로만 35칸만큼 움직이게 됩니다.

M:EE에서 좌표값이 '0, 0, 0'인 원점을 중심으로 동, 서, 남, 북 방향으로 방위표를 만든 뒤, 공중에서 좌표의 변화를 확인해보겠습니다. 원점을 중심으로 블록을 십자가 모양으로 늘어놓아주세요. 나침반처럼 십자가의 각 끝을 정확히 동, 서, 남, 북을 향하도록 만들면 됩니다.

먼저 공중으로 이동하면서 Y좌표의 변화를 확인해봅시다. Y좌표값은 플레이어가 지면에서 하늘로 올라 갈수록 커집니다. 그렇다면 Y좌표값이 '0'보다 작아지면 어떻게 될까요?

▲ 지면에서의 좌표: '0, 6, 0'

▲ 하늘에서의 좌표: '0, 30, 0'

이번에는 동쪽, 서쪽, 남쪽, 북쪽으로 이동하면서 좌표값의 변화를 살펴보도록 하겠습니다. 좌표값이 '0, 35, 0'이 되도록 하늘로 조금 이동해봅시다. 그리고 동쪽(E)과 서쪽(W) 그리고 남쪽(S)과 북쪽(N)으로 각각 10칸만큼 움직이면서 좌표의 변화를 살펴보겠습니다.

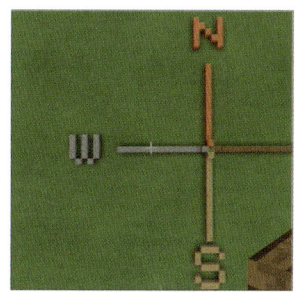
▲ 서쪽으로 10만큼 이동했을 때 좌표: -10, 35, 0

▲ 서쪽으로 20만큼 이동 했을 때 좌표: -20, 35, 0

먼저 서쪽으로 이동하면서 좌표를 살펴봅시다. X좌표는 원점에서부터 동쪽으로 얼마나 떨어져 있는지를 나타내는 값입니다. 동쪽의 반대쪽인 서쪽으로 이동했기 때문에 숫자는 0보다 작은 음수로 표시되고, 서쪽으로 갈수록 숫자는 계속 작아집니다.

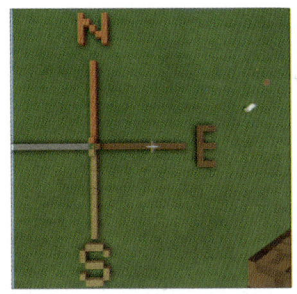
▲ 동쪽으로 10만큼 이동했을 때 좌표: 10, 35, 0

▲ 동쪽으로 20만큼 이동했을 때 좌표: 20, 35, 0

동쪽으로 이동하면서 좌표를 살펴봅시다. X좌표값이 이동한 만큼 커지는 것을 확인할 수 있습니다.
이번에는 북쪽과 남쪽 방향으로 이동해볼까요?

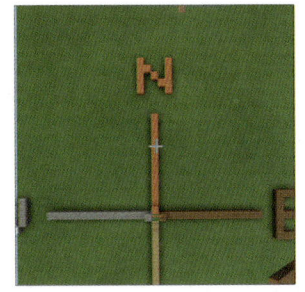
▲ 북쪽으로 10만큼 이동했을 때 좌표: 0, 35, -10

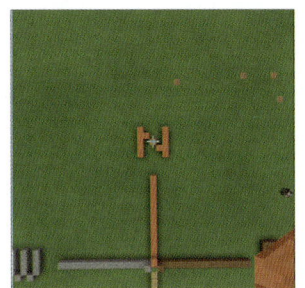
▲ 북쪽으로 20 만큼 이동했을 때 좌표: 0, 35, -20

북쪽으로 이동하면서 좌표를 살펴봅시다. 이번에는 Z좌표, 즉 세 개의 좌표값들 중 마지막 숫자가 작아집니다. Z좌표는 원점에서부터 남쪽으로 얼마나 떨어져 있는지를 나타내는 값입니다. 남쪽의 반대쪽인 북쪽으로 이동했기 때문에 숫자는 0보다 작은 음수로 표시되고, 북쪽으로 갈수록 숫자는 계속 작아집니다.

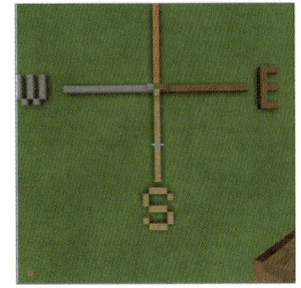
▲ 남쪽으로 10만큼 이동했을 때 좌표: 0, 35, 10

▲ 남쪽으로 20만큼 이동했을 때 좌표: 0, 35, 20

남쪽으로 이동하면서 좌표를 살펴보면, Z좌표값이 이동한 만큼 커지는 것을 확인할 수 있습니다.

앞에서 Y좌표값이 '0'보다 작아지면 어떻게 될지 생각해보시라는 질문을 드렸습니다. 이제 대답하실 수 있나요? 플레이어가 땅을 파고 지면보다 아래로 내려가게 되면 Y좌표값이 '0'보다 작아지게 됩니다. 땅을 깊게 팔수록 Y 좌표값은 점점 작아지겠죠?

좌표에 대해 이해했다면, 이제 좌표를 활용해서 코드를 작성해보겠습니다. 좌표를 이용할 수 있게 해주는 코드 블록은 **[위치]** 카테고리에 있습니다. 위치 코드블록은 혼자서는 실행될 수 없기 때문에 실행 코드블록 안에 끼워 넣어야만 합니다.

▲ 위치 코드블록을 사용한 코드

위치 코드블록에는 좌표를 입력하는 3개의 칸이 있습니다. 특정 위치를 이용하고 싶다면 빈칸에 원하는 위치의 X, Y, Z 좌표값을 각각 입력하면 됩니다. 그런데 위치 블록 중에는 빈칸 앞에 '~'가 적혀있는 코드블록이 있고, '월드'라고 적혀있는 코드블록이 있습니다. '~'가 적혀있는 코드블록은 **상대좌표**를 이용합니다. 반면에 '월드'라고 적혀있는 코드블록은 **절대좌표**를 이용합니다.

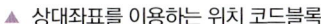
▲ 상대좌표를 이용하는 위치 코드블록

▲ 절대좌표를 이용하는 위치 코드블록

상대좌표와 절대좌표는 어떤 차이가 있을까요? 다음 코드를 작성한 후 실행해보면서 그 차이를 알아보도록 하겠습니다.

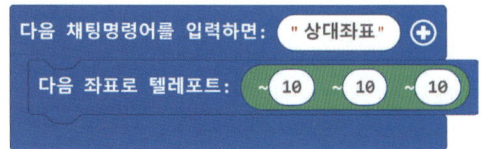

▲ 상대좌표로 텔레포트하기

상대좌표로 텔레포트하면 플레이어의 현재 위치를 기준으로 지정한 값만큼 이동합니다. 화면에서 좌표를 확인해보세요. 좌표값이 텔레포트하기 전의 좌표값보다 각각 10씩 증가했을 겁니다.

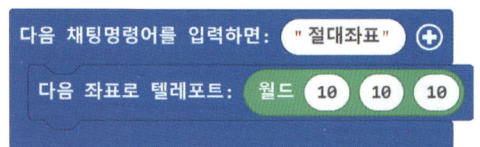

▲ 절대좌표로 텔레포트하기

절대좌표로 텔레포트하면 어떻게 될까요? 원점을 기준으로 지정한 좌표로 이동합니다. 화면에서 좌표값을 확인해보세요. 좌표가 '10, 10, 10'이 되어있을 겁니다.

현재 위치에서 한번 더 텔레포트를 한다면 어떻게 될까요? 상대좌표로 텔레포트하면 현재 위치에서 또다시 X, Y, Z 좌표가 각각 10씩 증가하지만, 절대좌표로 텔레포트하면 현재 위치와 동일한 위치를 지정했기 때문에 이동하지 않고 그대로 있게 됩니다.

이러한 차이가 생기는 이유는 무엇일까요? 절대좌표는 M:EE 월드의 좌표가 기준이 되기 때문입니다. 반면에 상대좌표는 플레이어의 현재 위치를 기준으로 합니다. 즉, 플레이어의 현재 위치를 원점(0, 0, 0)으로 삼아 위치를 이동합니다. 텔레포트하기 전과 후의 좌표를 비교하면서 다양한 위치로 텔레포트해보세요.

프로젝트 업그레이드 | 말하는 대로 바뀌는 세상

지금까지 플레이어와 위치 코드블록, 좌표에 대해 알아보았습니다. 처음에는 사용하기 어려울 수 있습니다만 여러가지 코드블록으로 코딩을 하고 M:EE에서 실행해보면 금방 익숙해질 겁니다. 지금까지 배운 내용을 바탕으로 재미있는 코드를 작성해볼까요?

1단계 | 먼저 인사해주는 친구에게 자동으로 인사하기

친구가 '안녕'이라고 인사하면, 자동으로 '안녕~! 나도 반가워'라고 인사를 해주는 코드를 작성해봅시다. 상대방의 입력에 반응하는 코드블록과 채팅창에 인사말을 내보내는 코드블록이 필요하겠죠? 채팅명령어와 인사말을 바꿔가며 코딩해보세요!

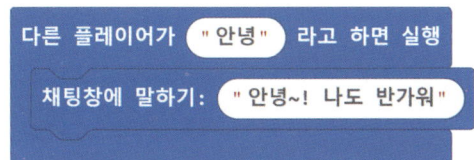

▲ 먼저 인사해주는 친구에게 자동으로 인사하는 코드

2단계 | 플레이어의 죽음 알려주기

플레이어가 사망하면 천둥 번개가 치도록 날씨를 바꿔주고, '당신은 죽었습니다'라고 채팅창에 표시되도록 코드를 작성해보세요. 플레이어가 죽었을 때 반응하는 코드블록, 날씨에 영향을 주는 코드블록, 그리고 채팅창에 메시지를 보여주는 코드블록이 필요합니다.

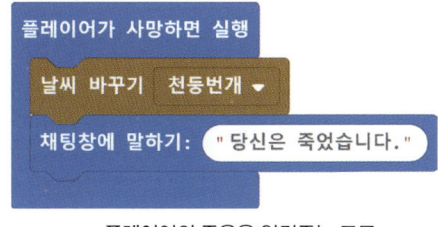

▲ 플레이어의 죽음을 알려주는 코드

3단계   화살 쏘고, 신출귀몰 도망가기

화살을 쏘고난 뒤 쫓아오지 못하도록 정해지지 않은 곳으로 도망가는 코드를 작성해보세요. 도망갈 수 있는 범위를 절대좌표를 이용해서 지정해주세요. 월드의 원점에서부터 좌표 '100, 100, 100'까지 랜덤으로 플레이어가 텔레포트 되도록 코드를 작성하면 됩니다. 화살을 쏠 때 반응하는 코드블록, 텔레포트 시켜주는 코드블록, 위치를 지정하는 코드블록이 필요하겠죠? 특히 절대좌표를 이용해야 한다는 점 잊지 마세요!

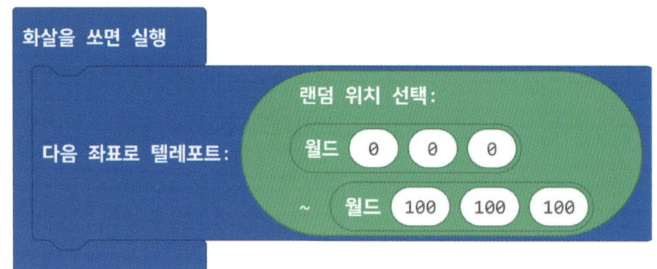

▲ 신출귀몰, 화살 쏘고 도망가는 코드

4단계   동서남북, 주문을 외워 순간이동하기

'동', '서', '남', '북'을 입력할 때마다 현재 위치를 기준으로 해당 방향으로 50씩 움직이도록 코드를 작성해보세요. 그러기 위해서는 상대좌표를 이용해야겠죠? 좌표에서 특정 방향으로 움직일 때 **XYZ 좌표값**이 증가하고 감소하던 것을 떠올려보세요.

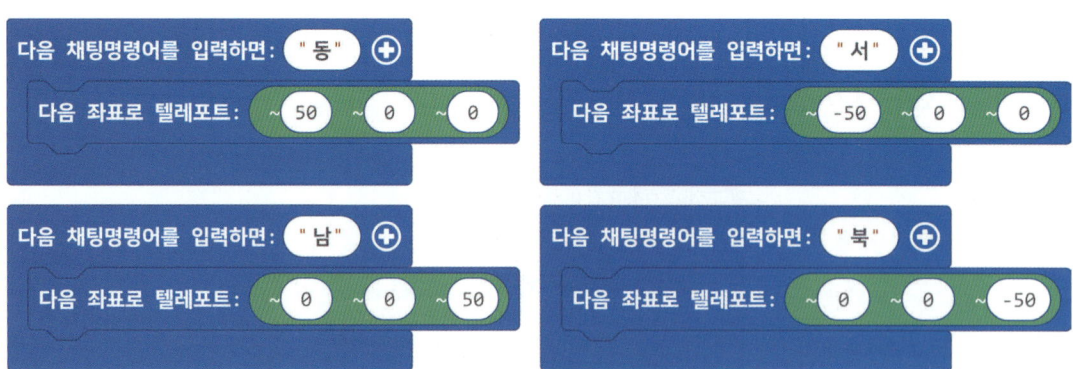

▲ 동서남북, 주문을 외워 순간이동하는 코드

02

물건 소환하기

> **오늘의 프로젝트**
> ### 플레이어 코드블록으로 다양한 물건 소환하기

지금부터 플레이어 코드블록으로 다양한 물건을 소환해보려고 합니다. 맵을 구성하는 블록 뿐만 아니라 동물이나 몬스터, 다른 플레이어를 소환할 수도 있고, 심지어 마법도 소환할 수 있습니다. 하지만 주문을 잘못 외우면 마법을 쓸 수 없듯이 제대로 코딩하지 않으면 원하는 위치에 물건이 소환되지 않을 수도 있고, 소환 자체가 이루어지지 않을 수도 있습니다. 어떻게 해야 원하는 물건을 원하는 장소에 소환할 수 있을까요? 지금부터 코드블록을 이용하여 원하는 곳에 물건을 소환하고, 간단한 게임도 만들어 보려고 합니다. 생각만해도 재미있지 않나요?

STEP 1 블록 소환하기

1단계 잔디 블록 소환하기

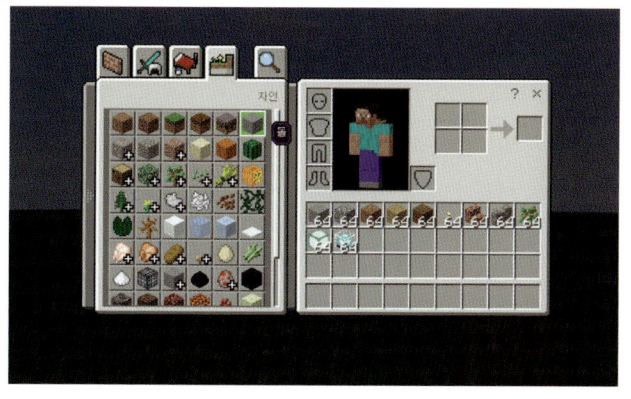

▲ M:EE 인벤토리 창의 아이템 블록들

먼저 블록을 소환해보도록 하겠습니다. 우리가 소환할 블록은 메이크코드에서 사용하는 코드블록이 아니라 M:EE 월드에서 사용하는 블록을 말합니다. 여러분이 사용할 수 있는 블록들은 〈E〉 키로 인벤토리 창을 열어 확인할 수 있습니다.

챕터2에서 인벤토리에 관한 내용을 살펴보았던 것 기억나시나요? 인벤토리는 건축, 장비, 아이템, 자연 인벤토리로 나뉘어 있습니다. 메이크코드로 이 모든 블록들을 소환하는 코드를 작성할 수 있습니다. 원하는 블록들을 소환하기 위해서는 [블록] 카테고리의 코드블록들이 필요합니다.

▲ 블록 카테고리

[블록] 카테고리에는 18가지의 코드블록이 있습니다. 이 중에서 M:EE의 블록을 소환하기 위해 사용하는 코드 블록을 살펴볼까요?

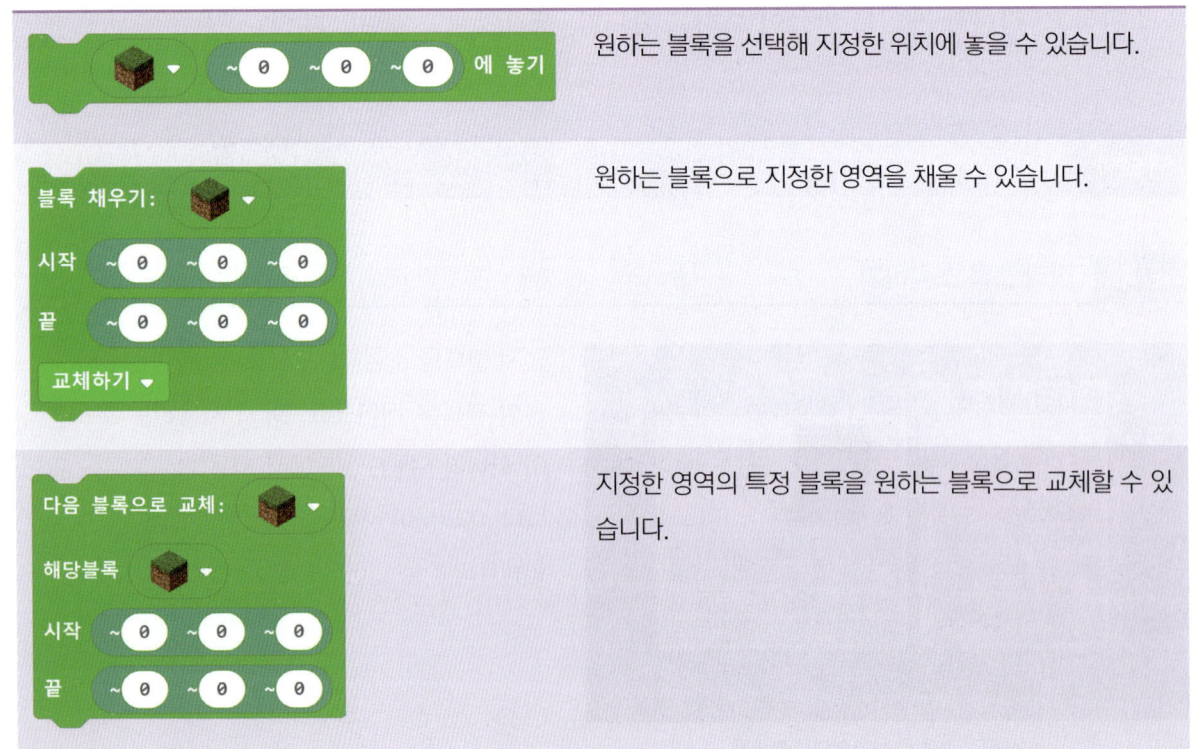

원하는 블록을 선택해 지정한 위치에 놓을 수 있습니다.

원하는 블록으로 지정한 영역을 채울 수 있습니다.

지정한 영역의 특정 블록을 원하는 블록으로 교체할 수 있습니다.

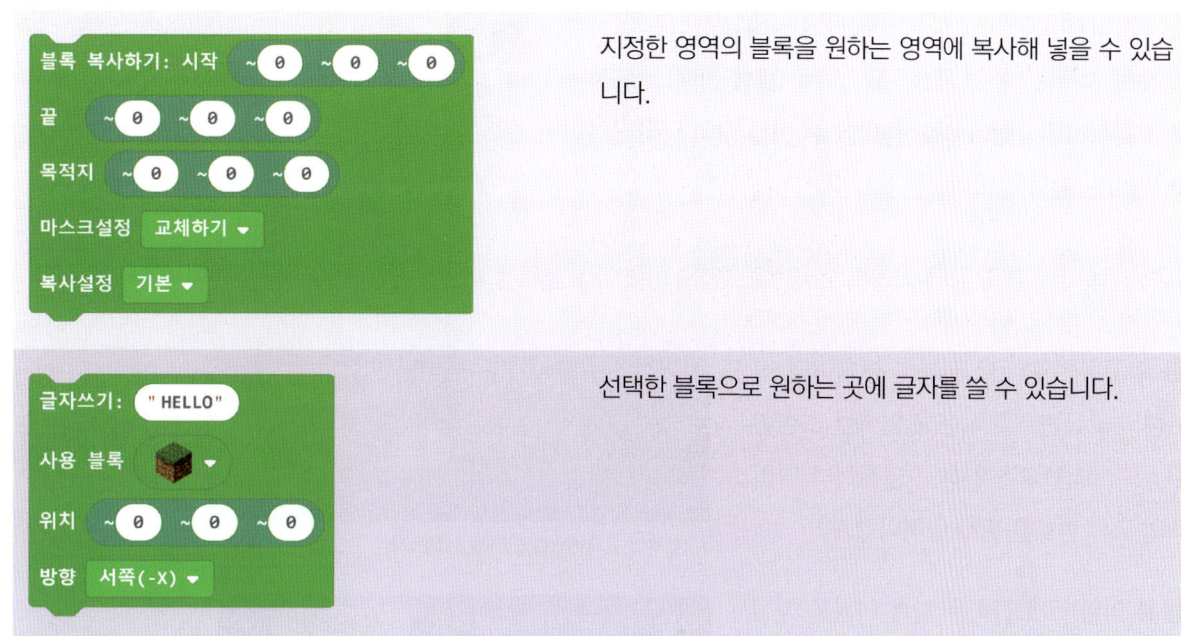

| | 지정한 영역의 블록을 원하는 영역에 복사해 넣을 수 있습니다. |
| | 선택한 블록으로 원하는 곳에 글자를 쓸 수 있습니다. |

자세히 보면 **소환**과 관련된 코드블록은 공통점을 가집니다. **위치** 코드블록이 포함되어 있다는 것입니다. 블록을 원하는 위치에 소환하려면 정확한 좌표가 필요하기 때문입니다. 이제 블록을 소환해볼까요? '블록소환'이라고 입력할 때마다 플레이어가 있는 곳에 잔디 블록이 생기도록 코드를 작성하고 실행해보세요.

잔디 블록이 플레이어의 위치에 생기면서 플레이어가 한 칸 밀려나는 것을 확인할 수 있습니다. 잔디 블록을 상대좌표에 소환하기 때문에 플레이어가 있는 위치에 잔디가 생겨나고, 잔디로 인해 플레이어가 밀려나는 겁니다.

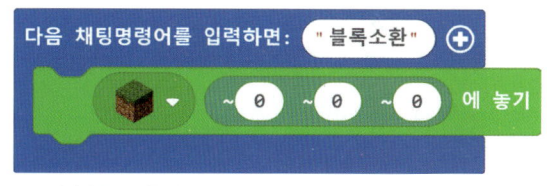
▲ 잔디 블록 소환하기

만약 이미 만들어 둔 집 앞에 잔디 블록을 소환하고 싶다면 어떻게 해야 할까요? (상대좌표) 코드블록 대신 **(절대좌표)** 코드블록을 사용하면 됩니다. [위치] 카테고리에서 (절대좌표) 코드블록을 찾아 (상대좌표) 코드블록 위로 드래그 앤 드롭하면 됩니다.

▲ (절대좌표) 코드블록

이렇게 코드블록을 바꿔 끼우면 이전 코드블록은 작성 중인 코드블록 뒤쪽으로 숨겨집니다.

만약 잔디 블록이 아닌 다른 블록을 소환하고 싶다면 어떻게 해야 할까요? 눈치 채셨나요? 바로 (블록 선택) 코드블록을 클릭하면 인벤토리를 검색할 수 있는 창이 나타납니다. 원하는 블록을 선택하면 됩니다.

▲ (블록 선택) 코드블록

(블록 선택) 코드블록 위치에 (블록 고유번호), (블록 이름) 코드블록을 끼워서 원하는 블록을 소환할 수도 있습니다.

(**블록 고유번호**) 코드블록은 블록이나 아이템의 고유번호를 사용해 블록을 소환할 수 있게 해줍니다. 원하는 블록이나 아이템의 고유 번호를 알고 있어야겠죠?

(**블록 이름**) 코드블록은 블록 이름을 직접 입력해 블록을 소환할 수 있게 해줍니다.

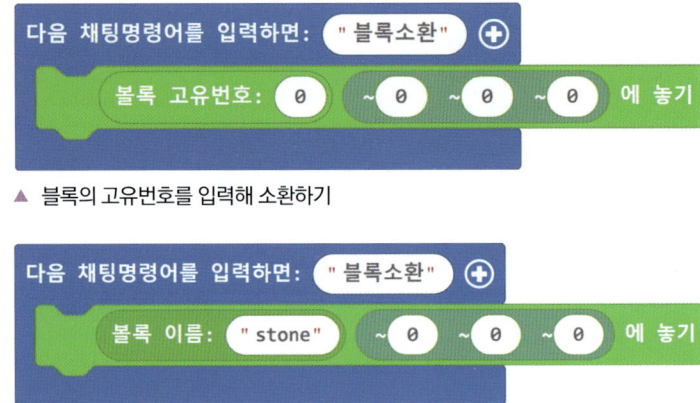
▲ 블록의 고유번호를 입력해 소환하기

▲ 블록의 이름을 입력해 소환하기

2단계 공기 블록 소환하기

이번에는 잔디 블록 대신 공기 블록을 소환하는 코드를 작성해봅시다. 코드를 실행해도 아무 일도 벌어지지 않네요. 코드를 잘못 만든 걸까요?

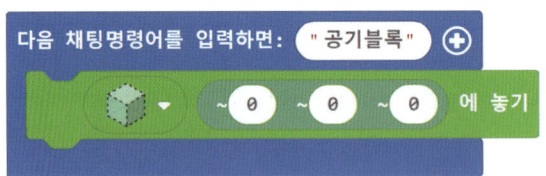
▲ 플레이어의 현재 위치에 공기블록 소환하기

코드를 잘 살펴보면 상대좌표 '0, 0, 0'을 사용했기 때문에 현재 플레이어가 있는 곳에 공기블록을 소환한 겁니다. 공기 블록은 다른 블록들과 달리 현재 플레이어의 위치에 소환해도 플레이어를 밀어내지 않습니다. 그렇다면 공기 블록이 제대로 소환되었는지 확인하려면 어떻게 해야 할까요? 땅이나 물처럼 공기가 없는 곳에 소환하면 됩니다.

현재 플레이어가 위치한 지면 바로 아래에 공기 블록을 소환해봅시다. 좌표를 어떻게 수정하면 될까요? 맞습니다, 위와 아래 방향을 표시하는 Y좌표를 바꾸면 됩니다. (상대좌표) 코드블록의 좌표값을 '0, -1, 0'로 변경하고 코드를 실행해보세요.

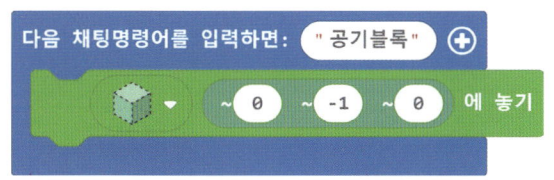

▲ 플레이어의 발 밑으로 공기 블록 소환하기

명령어를 입력할 때마다 발 밑의 땅이 한 칸씩 사라집니다. 지금까지 상대좌표를 이용해 플레이어 주변으로 블록들을 소환해 보았습니다. 원하는 장소에 다양한 블록을 소환하면서 앞에서 살펴본 코드블록들을 사용해보세요.

3단계 다양한 장소에 블록 소환하기

이번에는 다양한 장소에 블록을 소환하는 코드를 만들어봅시다. 플레이어가 어떤 행동을 할 때 블록이 소환되도록 코딩해두면 일일이 채팅창에 명령어를 입력하지 않아도 된답니다.

▲ 플레이어가 걷고 있을 때 블록 소환하기

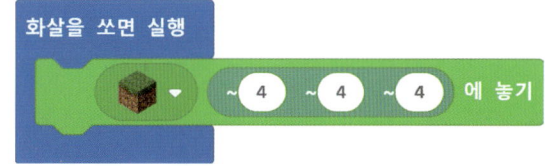

▲ 화살을 쏘면 블록 소환하기

4단계 잔디 블록으로 글자 쓰기

다음은 조금 독특한 코드블록을 소개해드리겠습니다. (글자쓰기) 코드블록을 사용하면 지정한 위치에 선택한 블록으로 원하는 글자를 만들어 줍니다.

▲ 잔디 블록으로 글자 쓰기

절대좌표를 이용해 특정 위치에 글자를 소환할 수 있습니다. 방향을 지정해 글자의 방향도 지정할 수 있습니다. 지금은 한글이 지원되지 않지만 언젠가는 한글로 M:EE 월드에 글을 쓸 수 있는 날도 오지 않을까요?

STEP 2 · 몹 소환하기

M:EE 월드에는 블록 외에도 다양한 동물이나 몬스터를 소환할 수 있습니다. 메이크코드의 [몹] 카테고리에는 동물과 몬스터 뿐만 아니라 마법을 소환하는 코드블록들이 있습니다. [몹] 카테고리의 다양한 코드블록 중에서 소환과 관련된 코드블록은 살펴보겠습니다.

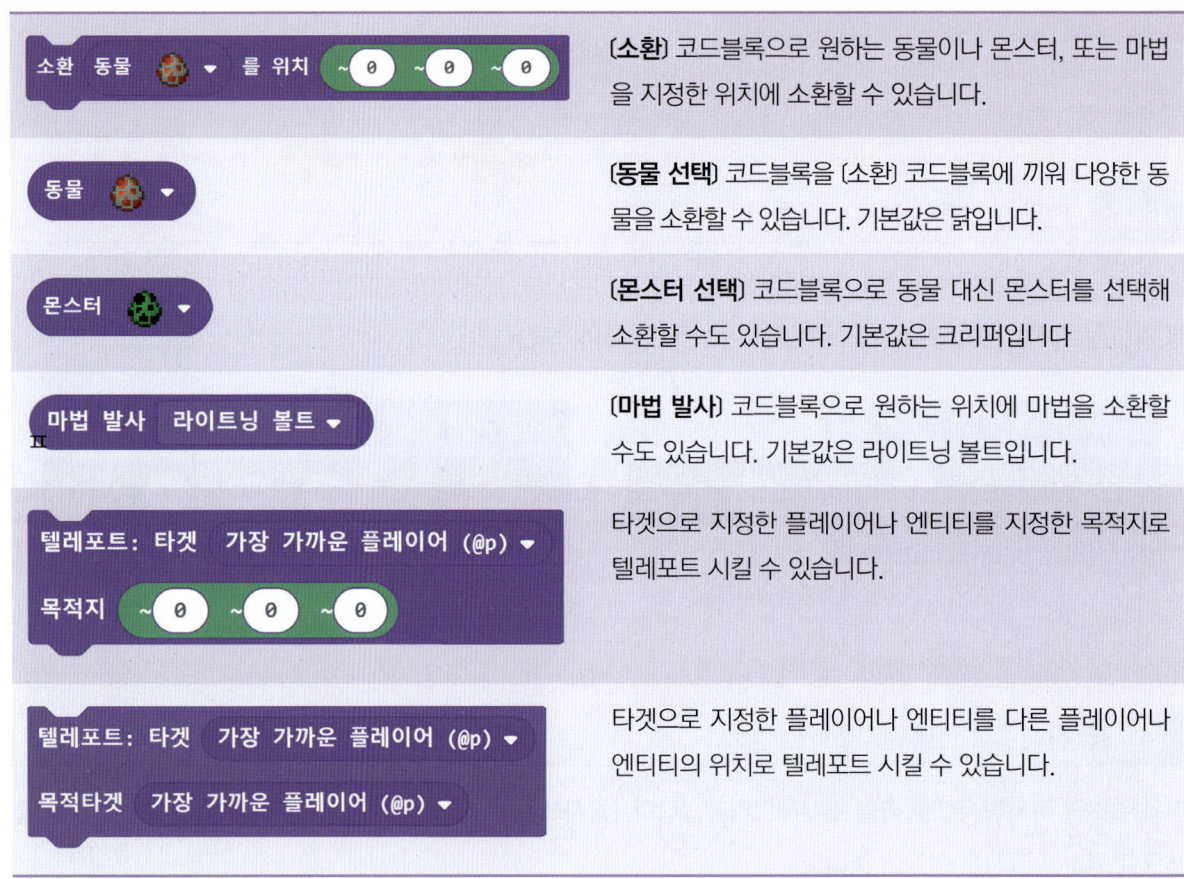

이제 본격적으로 다양한 동물들을 소환해볼까요? 동물 소환이 잘 이루어졌는지 확인하기 쉽도록 플레이어의 현재 위치에서 10만큼 높은 곳에 닭을 소환해보겠습니다.

'동물소환'이라고 입력하면 플레이어의 머리 위에서 닭이 소환되도록 (다음 채팅명령어를 입력하면), (소환), (동물 선택), (상대좌표) 코드블록을 이용해 코딩해보세요.

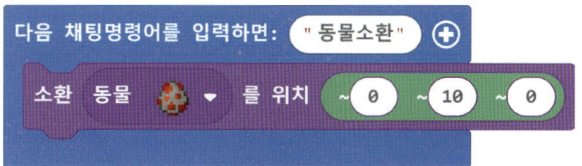

▲ 플레이어의 머리 위에 닭 소환하기

만약 여러분이 농장을 만들기 위해 닭이 100마리 필요하다면 어떻게 하시겠어요? 닭을 소환하는 명령어를 100번 입력해서 한 마리씩 소환해도 되지만 엄청나게 귀찮고 지루한 일입니다. [반복] 카테고리에 있는 코드블록들을 이용하면 반복적인 작업을 아주 쉽게 할 수 있습니다.

[반복] 카테고리에 있는 (무한 반복 실행) 코드블록을 사용해서 닭을 계속 소환해보겠습니다. 명령이 제대로 반복되고 있는지 확인하기 위해 닭을 한 마리 소환할 때마다 채팅창에 '닭 소환!'이라고 외치도록 해봅시다.

▲ 닭을 무한 반복해서 소환하기

작성한 코드를 실행해보았나요? 화면을 가득 메울 정도로 닭들이 하늘에서 비처럼 쏟아집니다! 하지만 계속 소환되는 닭을 모두 농장에서 기를 수는 없을 것 같습니다. 그렇다면 딱 100번만 반복할 수 있는 방법은 없을까요?

(반복: ~회 실행) 코드블록을 사용하면 반복할 횟수를 직접 지정할 수 있습니다. (반복: ~회 실행) 코드블록은 (무한 반복 실행) 코드블록과는 달리 명령을 시작할 수 없습니다. 명령을 시작할 때 사용하는 (다음 채팅명령어를 입력하면: ~), (플레이어가 걷고 있으면) 코드블록 안에 끼워 사용해야 합니다.

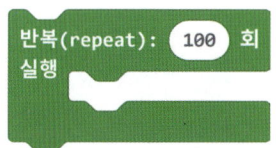

▲ (반복: ~회 실행) 코드블록

명령을 시작할 수 있는 코드블록들은 윗면과 아랫면이 평평하고 가운데가 다른 코드블록을 끼울 수 있도록 비어 있습니다. 반면에 혼자서 명령을 시작할 수 없는 코드블록들은 윗면과 아랫면에 요철이 있어 다른 블록 안에 끼울 수 있게 생겼습니다. 기억해두세요!

자 이제 원하는 동물을 100번 반복하여 소환하는 코드를 작성해봅시다.

▲ 닭 100마리 소환하기

동물을 소환할 때는 상대좌표를 절대좌표로 바꿔 소환할 수도 있습니다. 그리고 [소환] 블록을 여러 개 겹쳐 끼우면 다양한 동물을 한꺼번에 소환할 수도 있고, 여러 마리를 동시에 소환할 수도 있습니다.

콕콕 포인트

위치를 상대좌표에서 절대좌표로 바꿀 때 주의해야 할 것이 있어요. 바로 XYZ 좌표값에 '0'이 포함되거나, 0을 지나치도록 좌표를 설정하면 가끔 코드가 실행되지 않는 버그가 있답니다. 완벽하게 실행되는 코드를 작성하고 싶다면 절대좌표에 '0'이 포함되지 않도록 주의해주세요.

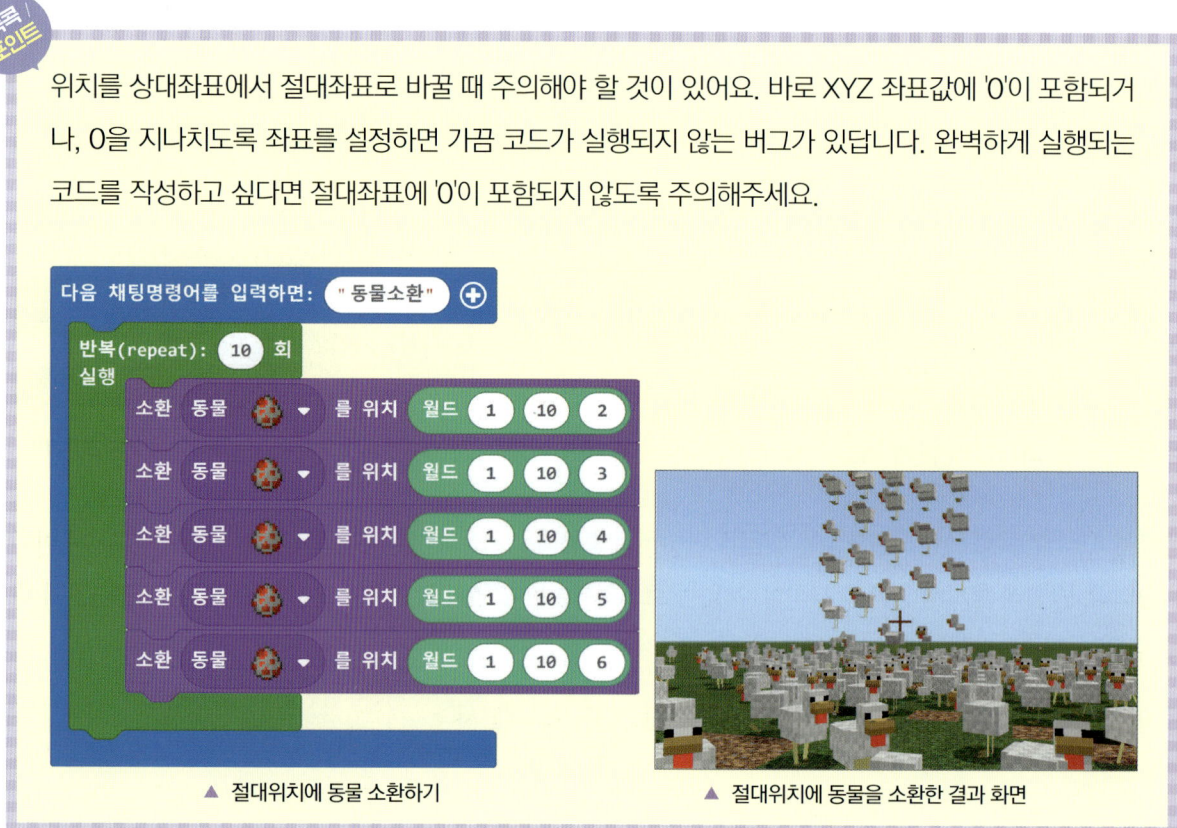

▲ 절대위치에 동물 소환하기　　　▲ 절대위치에 동물을 소환한 결과 화면

동물이나 몬스터 외에도 플레이어를 소환할 수도 있습니다. 앞에서 살펴본 (**텔레포트: 타겟 ~, 목적지 ~**), (**텔레포트: 타겟 ~, 목적타겟~**) 코드블록을 사용하면 플레이어를 소환할 수 있습니다. 해당 코드를 사용하면 플레이어를 동물 무리 한가운데로 보내거나, 동물을 플레이어에게 보내는 것도 가능합니다.
다음 코드를 실행해 결과를 확인해봅시다.

명령어를 입력하면 주변에 있는 모든 닭들이 가장 가까운 플레이어에게 모입니다. 목적타겟을 가장 가까운 플레이어로 설정하고, 모든 닭들을 텔레포트 하도록 설정했기 때문입니다.

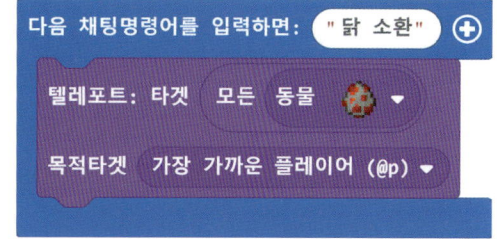

▲ 모든 닭들을 가장 가까운 플레이어에게 몰아주기

이번엔 걸을 때마다 주변에 있는 모든 닭들이 플레이어에게 모여듭니다. 맵에 있는 닭들을 모아서 사냥하거나, 농장에 있는 동물들을 관리할 때 사용하면 정말 편리합니다.

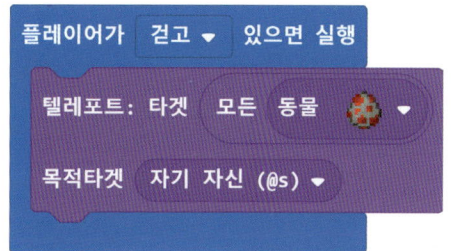

▲ 플레이어가 걷고 있으면 닭이 모이게 하기

이번에는 화면에 있는 모든 것들이 플레이어에게 소환됩니다. 텔레포트 타겟으로 '모든 엔티티'를 선택했기 때문입니다. 엔티티는 플레이어 뿐만 아니라 동물과 몬스터를 모두 포함합니다.

▲ 모든 엔티티를 플레이어에게 소환하기

코드를 실행하고 결과를 확인해보세요. 바로 이전 코드와 결과가 동일합니다. 목적지를 상대좌표 '0, 0, 0'로 지정하면 목적타겟을 '자기 자신'으로 지정한 것과 동일한 결과가 나타나게 됩니다.

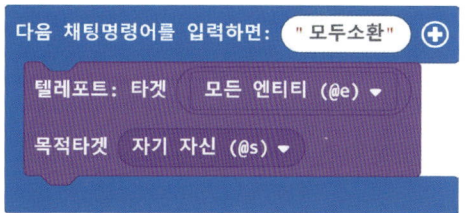

▲ 모든 엔티티를 플레이어에게 소환하기

STEP 3 | 간단한 몬스터 함정 만들기

지금까지 살펴본 기능들을 활용해 좀 더 재미있는 코딩을 해보겠습니다. 서바이벌 모드에서는 몬스터가 플레이어를 공격하는 경우가 있다는 것을 아시나요? 이것을 이용해서 다른 플레이어를 몬스터 함정에 빠지게 하는 코드를 만들어보세요.

먼저 친구의 게임 모드를 서바이벌로 바꿔줍니다. **[몸]** 카테고리의 (플레이어 이름) 코드블록을 이용하면 특정 친구를 지정할 수 있어요. 그리고 **난이도 설정하기: ~** 코드블록으로 친구의 게임 난이도를 어렵게 만들어 줍니다.

▲ 친구의 게임 모드를 서바이벌 모드로 변경하기

몬스터 함정을 만들었으니 이제 친구를 함정에 빠뜨려볼까요? (텔레포트: 타겟 ~, 목적지 ~) 코드블록으로 친구를 함정 위치로 소환합니다.

▲ 친구를 함정으로 소환하기

(플레이어 이름) 코드블록으로 플레이어의 이름을 직접 입력해 소환할 수도 있지만 특정 게임 모드에 있는 플레이어를 모두 소환할 수도 있습니다. 함정 위치에 서바이벌 모드로 게임하고 있는 플레이어들을 모두 소환합니다.

함정 위치를 상대좌표에서 절대좌표 '5, 5, 5'로 바꾸었습니다. 플레이어 주변으로 모두 모이면 정신이 하나도 없어질 겁니다.

마지막으로 공격적인 북극곰이나 폭발 공격을 하는 크리퍼를 함정 위치로 소환해줍니다.

▲ 서바이벌 모드로 게임하고 있는 플레이어와 동물을 함정으로 소환하기

자, 이제 함정을 발동시켜 보세요. 어떻게 될까요?

▲ 함정 발동

어라, 공격을 하는 동물이 없네요! 북극곰이 없는 것을 보니 주변에 북극곰이 없어 소환에 실패한 것 같습니다. 아무래도 함정을 발동하기 전에 함정 주변에 북극곰을 몇 마리 소환해두어야 겠어요. 동물을 소환하는 코드를 이용해 미리 북극곰을 소환해봅시다.

한 곳에 북극곰이 모여 있으면 운 좋게 피할 수도 있으니 함정 주변에 북극곰이 랜덤으로 소환되도록 **(랜덤 위치 선택)** 코드블록을 사용해주세요. 그리고 **(반복(repeat): ~회 실행)** 코드블록을 사용해서 여러 마리의 북극곰을 소환해보세요.

▲ 함정 주변에 북극곰 소환하기

자, 북극곰도 꽤 많이 모였으니 함정을 발동해볼까요?

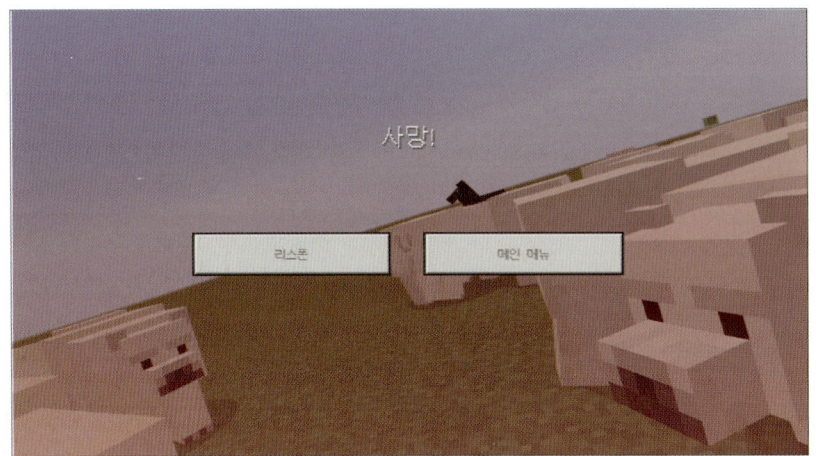

▲ 업그레이드한 함정 발동 결과

함정 발동에 성공했습니다! 그런데 이대로 두면 사망했던 플레이어가 다시 살아나도 계속 북극곰에 쫓기게 됩니다. 다른 플레이어의 게임모드를 원래대로 바꾸고, 난이도를 평화로움으로 바꾸는 코드를 작성해봅시다.

'함정 해제'라고 입력하면 서바이벌 모드에 있는 플레이어의 게임모드와 난이도를 변경해주도록 코드를 작성해보았습니다. 이제 다시 월드에 평화가 찾아왔습니다.

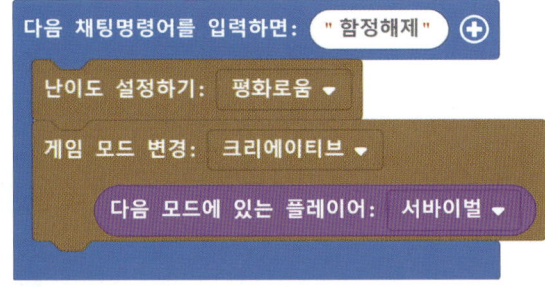

▲ 함정 해제하기

| 프로젝트 업그레이드 | 크리퍼 피하기 |

이번에는 '크리퍼 피하기'라는 게임을 만들어 보겠습니다. 크리퍼는 주변에 플레이어가 있으면 거대한 폭발과 함께 데미지를 주는 무시무시한 몬스터입니다. 여러분은 크리퍼가 하늘에서 랜덤으로 떨어지는 함정 속에서 살아남아야 합니다. 친구들과 함께 크리퍼의 폭발 공격에서 살아남아 보세요.

1단계 플레이어를 함정 위치로 소환하기

'크리퍼함정'이라고 입력하면 모든 플레이어를 함정위치로 소환하는 코드를 작성해보세요. 목적지는 절대좌표로 지정해주세요.

```
다음 채팅명령어를 입력하면: "크리퍼함정"
텔레포트: 타겟 모든 플레이어 (@a)
목적지 월드 0 10 0
```

2단계 플레이어들의 게임모드와 난이도 변경하기

플레이어들의 게임 모드를 서바이벌 모드로, 난이도는 어려움으로 변경하는 코드를 추가합니다.

```
다음 채팅명령어를 입력하면: "크리퍼함정"
텔레포트: 타겟 모든 플레이어 (@a)
목적지 월드 0 10 0
난이도 설정하기: 어려움
게임 모드 변경: 서바이벌
        모든 플레이어 (@a)
```

3단계　크리퍼 소환하기

〔소환〕, 〔몬스터 선택〕, 〔랜덤 위치 선택〕 코드블록을 사용해 랜덤 위치로 크리퍼를 소환하는 코드를 만듭니다. 위치를 지정할 때는 Y좌표값을 적당히 지정해야 합니다. Y좌표값이 너무 크게 지정하면 크리퍼가 떨어져 죽을 수도 있습니다.

〔반복: 100회〕 코드블록으로 크리퍼를 100마리 소환해줍니다. 이제 크리퍼 함정이 완성되었습니다. 크리퍼 함정을 발동시켜보세요!

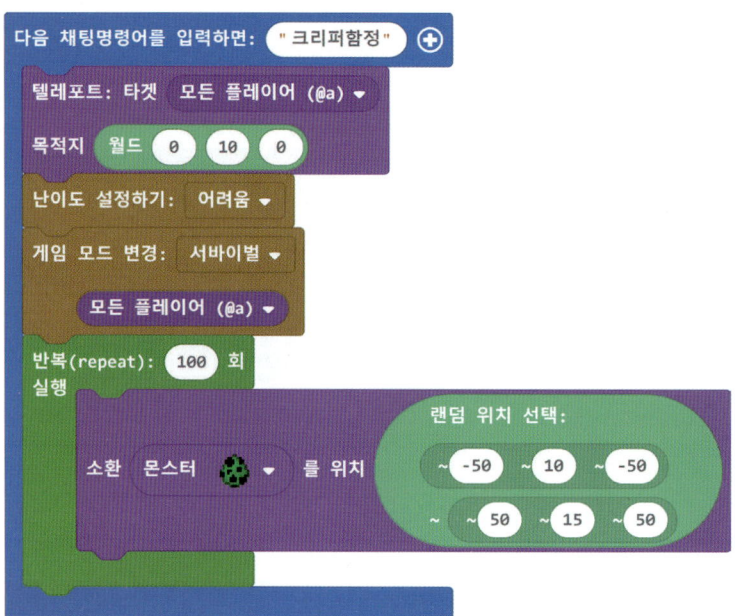

4단계　크리퍼 함정 해제하기

크리퍼 함정이 잘 발동되었나요? 하지만 지난 번 북극곰 함정처럼 플레이어가 다시 살아나도 계속 크리퍼에게 공격을 받게 됩니다. 게다가 소환된 크리퍼도 아직 많이 남아있습니다. 플레이어가 부활하면 크리퍼 함정이 해제되도록 코드를 만들어 봅시다.

플레이어가 사망하면 게임모드와 난이도를 다시 변경해주고, 남아있는 크리퍼들을 땅속으로 텔레포트 시켜 공격을 피할 수 있도록 코드를 작성하며 친구들과 함께 게임을 즐겨봅시다.

크리퍼 피하기 게임을 직접 만들어 본 소감이 어떠신가요? 재미있기도 하고, 아쉬운 점들도 있을 겁니다. 특히 크리퍼가 소환되는 위치가 잘 구분되지 않고, 소환되는 장소도 평지라서 단조롭게 느껴질 수도 있었을 겁니다. 만약 미로를 만들고, 미로에서 크리퍼 피하기 게임을 해보면 더 재미있지 않을까요?

▲ 완성된 '크리퍼함정' 코드

다음 챕터에서는 방금 이야기한 아쉬움을 해결하는 방법을 배울 수 있습니다. 바로 M:EE 월드의 지형을 바꾸는 방법입니다. 경기장이나 미로를 만들고, 다양한 장애물을 설치하는 방법도 배울 수 있습니다. 어때요, 기대되지 않나요?

04

나만의 로봇 친구, 에이전트

01

에이전트 이동시키기

> 💡 **오늘의 프로젝트**
>
> ## 에이전트 이동시키기

▲ 에이전트

에이전트(Agent)는 M:EE에서 여러분을 도와주는 친구같은 로봇입니다. 최근 인공지능이 탑재된 로봇이 등장하는 영화가 많은데요, 로봇들이 인간을 도와 여러 편리함을 주듯이 에이전트도 M:EE에서 여러분이 하기 힘든 일들을 대신 도와줍니다. 땅 파기, 농사짓기, 아이템 줍기 등 반복적인 작업이 지루하게 느껴졌다면, 에이전트에게 명령을 내려 일을 시키면 됩니다.

이제부터 에이전트에게 명령을 내리고 원하는 곳으로 이동시키는 방법을 알아보겠습니다. 에이전트를 마음대로 다룰 수 있게 되면 여러분을 도와주는 든든한 친구가 생긴 것 같은 느낌이 들겁니다. 생각만 해도 신나지 않나요?

04 나만의 로봇 친구, 에이전트

STEP 1 | 에이전트 체험판 월드로 에이전트 불러오기

에이전트에게 명령하는 방법을 연습해보도록 하겠습니다. M:EE을 실행한 후, 〈플레이〉 버튼을 클릭합니다. 플레이 준비 화면의 [월드] 탭에서 〈새로 만들기〉 버튼을 클릭한 후, **'Agent 체험판'** 월드를 선택합니다. M:EE와 마찬가지로 월드의 환경을 설정할 수 있는 화면이 나타납니다.

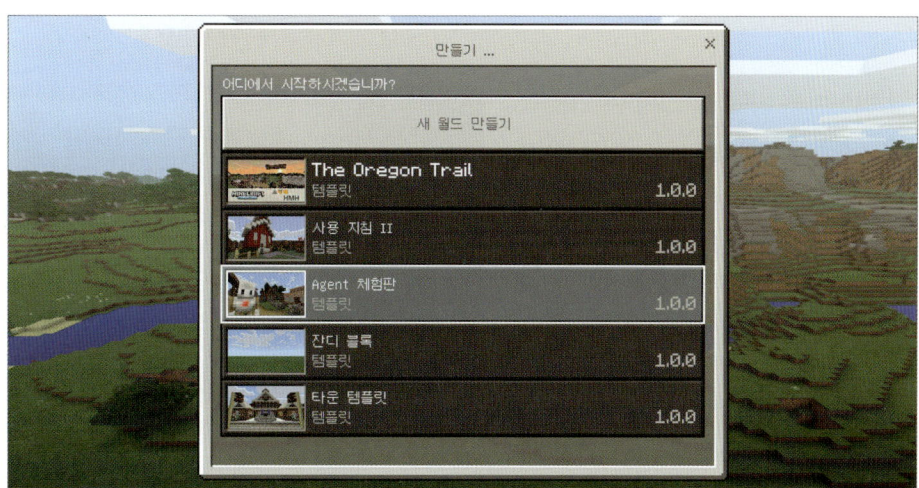

▲ [만들기] 창에서 'Agent 체험판' 선택하기

〈만들기〉 버튼을 클릭하면 Agent 체험판 월드를 불러올 수 있습니다.

Agent 체험판 월드에서 제공하는 여러가지 재미난 미션을 통해 에이전트 조작 방법을 연습해 볼 수 있습니다. 재미난 미션을 수행하면서 에이전트와 친해져 봅시다.

▲ 'Agent 체험판' 월드 환경 설정하기

Agent 체험판 월드는 빨간색 카펫이 깔려 있는 어느 석조건물 안에서 시작됩니다. 정면에 있는 문을 열고 첫 번째 미션이 있는 곳으로 이동해봅시다.

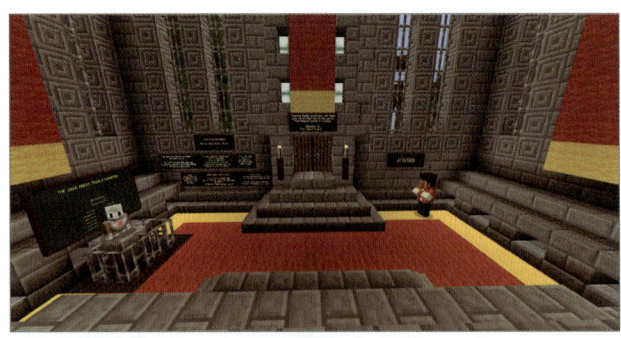

▲ 'Agent 체험판' 월드의 시작

건물 밖으로 나가면 바로 앞에 첫 번째 미션을 수행할 공간이 나타납니다. 앞에 놓여있는 나무 감압판에 에이전트를 올려놓은 뒤 주어진 미션을 해결해야 합니다. 칠판을 자세히 보면 미션 내용이 영어로 적혀 있습니다.

▲ 'Agent 체험판'의 첫 번째 미션 수행하기

먼저 메이크코드의 에이전트 관련 코드블록들을 살펴본 후, 미션을 수행해보겠습니다. 에이전트에게 명령을 내릴 수 있는 코드블록들을 모두 [에이전트] 카테고리에 모여 있습니다. 텔레포트, 이동, 회전, 블록 탐지, 블록 놓기, 블록 파괴, 경작, 공격, 아이템 모으기 등 다양한 명령을 내릴 수 있습니다. 에이전트와 관련된 코드블록들은 모두 다홍색입니다.

먼저 에이전트를 M:EE 월드로 소환하는 코드를 작성해보겠습니다. '소환'이라고 채팅명령어를 입력하면 에이전트를 플레이어에게 텔레포트 시키려고 합니다. 어떤 코드블록들이 필요할까요?

[플레이어] 카테고리에서 [다음 채팅명령어를 입력하면: ~] 코드블록을 가져와 채팅명령어를 '소환'이라고 지정합니다.

[에이전트] 카테고리에 있는 [에이전트가 플레이어에게 텔레포트] 코드블록을 끼워 넣습니다.

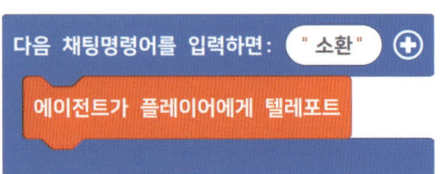

04 나만의 로봇 친구, 에이전트

이제 M:EE로 돌아가 엔터키 또는 〈T〉 키를 눌러 채팅 입력창을 연 뒤 '소환'이라고 입력하고 〈Enter〉 키를 눌러보세요. 에이전트가 플레이어가 있는 곳에 나타납니다. 에이전트의 이름은 '**플레이어의 아이디.Agent**'로 자동 지정됩니다.

▲ 플레이어에게로 텔레포트한 에이전트

채팅명령어는 간단하게 지정해주세요!

채팅명령어는 간단하게 지정해주는 것이 좋습니다. M:EE 채팅창에 명령어를 직접 입력해야 하기때문에 짧고 명확하게 지정할수록 편리하게 사용할 수 있습니다.

STEP 2 에이전트 이동시키기

이제 첫 번째 미션을 해결해봅시다. 먼저 앞서 만든 코드로 에이전트를 첫 번째 미션이 있는 곳으로 소환합니다. 미션 수행을 위해 채팅창에 '앞으로'라고 채팅명령어를 입력하면 에이전트가 앞으로 거리 1만큼 이동하는 명령을 만들어보겠습니다.

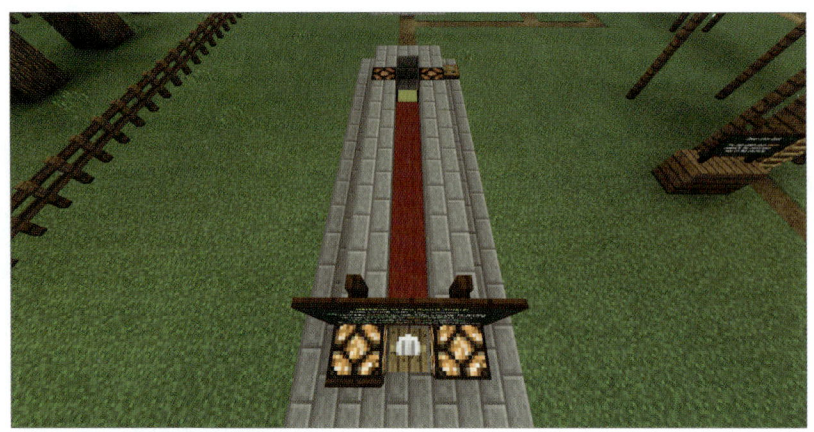

▲ 첫 번째 미션

에이전트가 빨간 곧게 뻗은 길을 지나 마지막의 노란 감압판을 밟을 때까지 채팅 명령어인 '앞으로'를 여러 번 입력해서 첫 번째 미션을 해결해보세요! 첫 번째 미션을 해결했다면 다음 미션을 해결할 차례입니다.

▲ 두 번째 미션

두 번째 미션을 해결하기 위해서는 에이전트의 방향을 바꿔주어야 합니다. M:EE 채팅창에 '왼쪽으로'라고 입력하면 에이전트가 왼쪽으로 방향을 돌리도록 코드를 작성해봅시다.

[에이전트] 카테고리에서 (에이전트가 회전 ~) 코드블록을 가져와 (다음 채팅명령어를 입력하면: ~) 코드블록 사이에 끼워 넣습니다.

'앞으로'와 '왼쪽으로' 채팅명령어를 이용해 두 번째 미션인 노란 감압판 두 개가 있는 곳까지 에이전트를 이동시켜 보세요!

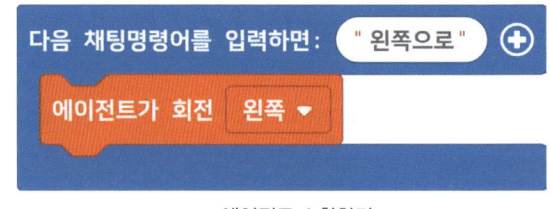

▲ 에이전트 소환하기

이동거리를 지정해 에이전트를 많이 움직이도록 해보세요!

〔에이전트가 이동: 방향~ 거리~〕 코드블록에서 거리에 해당하는 숫자를 바꾸면 에이전트가 한꺼번에 많은 거리를 이동하게 만들 수도 있습니다. 그리고 '앞으로'를 클릭해서 '뒤로', '왼쪽', '오른쪽', '위로', '아래로' 등으로 이동방향을 바꿔줄 수도 있습니다. 이동방향과 거리를 변경해 아래와 같이 코드를 만들고 실행해보세요!

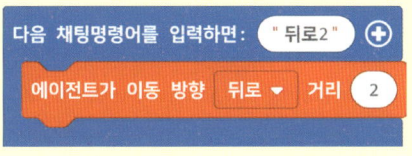

▲ 에이전트를 한번에 뒤로 2만큼 이동시키기

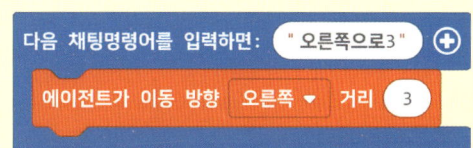

▲ 에이전트를 한번에 오른쪽으로 3만큼 이동시키기

STEP 3 에이전트 공중 부양시키기

세 번째 미션에서는 에이전트가 위아래 방향으로 이동하여 길을 통과해야 합니다. 막다른 곳에서는 에이전트가 하얀 감압판을 밟도록 하면 길이 열립니다.

▲ 세 번째 미션

에이전트가 위아래로 이동하도록 코드를 작성해봅시다.

▲ 에이전트를 위로 이동시키기

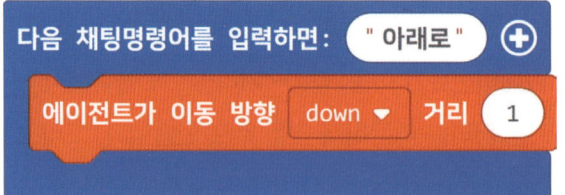

▲ 에이전트를 아래로 이동시키기

에이전트는 중력에 영향을 받지 않아요!

에이전트는 월드 내에서 중력의 영향을 받지 않기 때문에 한번 위로 올라가면 땅으로 떨어지지 않습니다. 즉, 위로 공중으로 올려 보내면 아래로 내려오도록 명령어를 입력해주어야 합니다. '위로'를 여러 번 입력해서 에이전트를 공중으로 높게 띄워보세요!

▲ 위로 3 이동시킨 에이전트

04 나만의 로봇 친구, 에이전트

프로젝트 업그레이드 | 에이전트 미로 탈출시키기

마지막 미션은 앞에서 만든 코드를 모두 활용해서 에이전트를 미로에서 탈출시키는 것입니다. 미로 곳곳에 용암과 물이 있지만 에이전트는 아무런 영향을 받지 않습니다. 에이전트는 플레이어나 몬스터의 공격에도 끄떡 없고, 폭발과 불길에도 영향을 받지 않습니다. 그야말로 무적이라고 할 수 있습니다. 장애물을 두려워하지 말고 하얀 감압판을 모두 밟아가며 마지막 노란 감압판까지 도달해봅시다!

▲ 네 번째 미션

전망대에 올라 에이전트를 살펴보세요!

'Agent 체험판' 월드 가운데에는 높은 전망대가 있습니다. 전망대에 올라가면 에이전트가 코딩한대로 임무를 잘 수행하는지 살펴볼 수 있습니다.

▲ 'Agent 체험판' 월드의 전망대

02

에이전트와 광물 캐기

STEP 1 에이전트로 채굴하기

에이전트를 움직이는 것에 익숙해졌다면 다섯 번째 미션을 통해 블록을 캐고 아이템을 모아봅시다. 마치 광부처럼 채굴을 하는 작업입니다.

▲ 다섯 번째 미션

▲ 에이전트 인벤토리

에이전트가 채굴을 하고 아이템을 수집하려면, 에이전트 역시 플레이어처럼 인벤토리를 가지고 있어야 합니다. 에이전트를 마우스 오른쪽 버튼으로 클릭하면 **에이전트 인벤토리**를 확인할 수 있습니다.

▲ 에이전트와 아이템 교환하기

에이전트의 인벤토리를 보면 플레이어의 인벤토리와 마찬가지로 아이템을 보관할 수 있는 27개의 슬롯이 있습니다. 에이전트 인벤토리에 플레이어의 아이템을 전해주거나, 또는 반대로 에이전트의 아이템을 플레이어가 가져올 수도 있습니다.

에이전트 역시 플레이어처럼 바닥에 떨어진 블록이나 아이템을 수집할 수 있습니다. 이제부터 이러한 에이전트의 수집 능력을 이용해서 다섯 번째 미션을 완료해봅시다! 다섯 번째 미션은 네 가지 작은 미션으로 나누어져 있습니다. 미션 5-A, B, C는 광물을 채굴하는 미션이고, 마지막 미션은 수집한 아이템을 모두 버리는 것입니다.

미션 5-A: 모든 블록 수집하기

▲ 미션 5-A: 모든 블록 수집하기

미션 5-A를 완료하기 위해서는 앞에 일렬로 놓여 있는 모래와 사암을 전부 파괴하고 모든 블록을 수집해야 합니다.

블록을 파괴하고 파괴된 블록을 수집하는 코드를 만들어 봅시다. 앞으로 이 명령을 자주 사용하게 될 테니 채팅명령어는 짧으면 좋겠죠? 수집(collect)의 앞글자를 따서 'c'를 채팅명령어로 사용합시다.

먼저 〔다음 채팅명령어를 입력하면: ~〕 코드블록을 꺼낸 후, [에이전트] 카테고리에서 〔에이전트가 블록 파괴 ~〕 코드블록을 찾아 끼워 넣습니다.

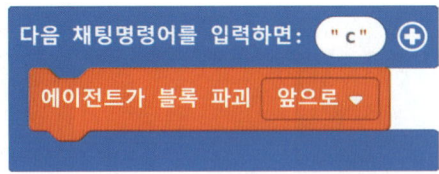
▲ 에이전트가 자신의 앞쪽 블록을 파괴하는 코드

M:EE 채팅창에 'c'를 입력해서 채팅명령어를 실행해보세요. 에이전트가 앞쪽에 있는 블록을 파괴하고 부서진 블록들이 바닥에 떨어집니다. 그리고 에이전트는 그자리에 멈춰 있습니다.

에이전트가 앞으로 가면서 블록을 부수고 부서진 블록들을 수집하게 하려면 어떻게 해야할까요?

먼저 앞쪽의 블록을 부수고, 부숴진 조각들을 수집한 후에 앞으로 1칸 이동하게 코드를 작성하면 됩니다.

▲ 에이전트가 블록을 채굴하며 앞으로 가는 코드

이제 M:EE 채팅창에 채팅명령어 'c'를 입력하면서 에이전트가 앞에 놓여있는 모래와 사암 블록을 모두 파괴하고 수집하도록 해봅시다.

에이전트는 천하무적!

에이전트는 곡괭이나 삽, 도끼 같은 아이템이 없어도 모든 블록을 파괴할 수 있습니다. 심지어 일반적인 상황에서는 파괴할 수 없는 기반암까지 한번에 파괴할 수 있습니다. 천하무적 에이전트, 정말 멋지지 않나요?

▲ 기반암을 파괴하는 에이전트

STEP 2 필요한 블록만 수집하기

앞에서 에이전트가 모든 블록을 수집하도록 하는 코드를 작성해보았습니다. 이제부터 에이전트가 필요한 블록만 수집할 수 있도록 코드를 작성해봅시다.

미션 5-B: 황금 광석만 수집하기

미션 5-B를 완료하기 위해서는 여러 블록 중에서 황금 광석만을 골라 수집해야 합니다.

에이전트에게 황금 광석만을 골라 수집할 수 있도록 코드를 만들어봅시다.

▲ 미션 5-B: 황금 광석만 골라 모으기

먼저 미션 5-A를 위해 작성했던 코드를 선택하고 〈Ctrl+C〉 키로 클립보드에 복사한 후, 〈Ctrl+V〉 키로 붙여 넣습니다.

이미 'c'라는 채팅명령어가 있기 때문에 코드를 복사해 붙여넣으면 코드 색상이 흐릿하게 비활성화 상태로 표시됩니다. 채팅명령어를 '금'이라고 바꿔주면 코드가 활성화됩니다.

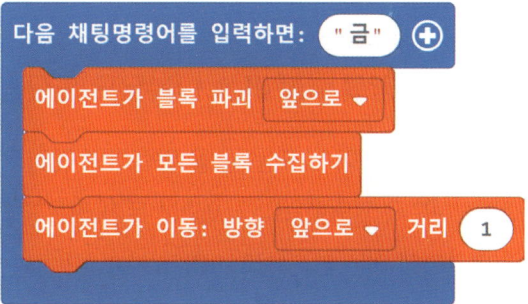

▲ '금'이라고 입력하면 에이전트가 금을 수집하는 코드

모든 블록이 아니라 황금 광석만 수집하려면 어떻게 해야 할까요? 맞습니다. (에이전트가 모든 블록 수집하기) 코드블록 대신 원하는 블록만을 수집할 수 있도록 코드를 수정해주어야 합니다.

(에이전트가 모든 블록 수집하기) 코드블록을 선택한 후, <Delete>로 삭제합니다. [에이전트] 카테고리에서 **(에이전트가 아이템 모으기 ~)** 코드블록을 가져와 해당 위치에 끼워 넣습니다.

우리가 수집할 황금 광석은 아이템이 아니라 블록입니다. 블록을 선택하기 위해서는 (에이전트가 아이템 모으기) 코드블록에 [블록] 카테고리에 있는 **(블록 선택)** 코드블록을 끼워야합니다.

▲ 아이템 모으기 코드블록 교체 전

(블록 선택) 코드블록을 끼운 후에는 초기값인 잔디 블록을 클릭한 후, 황금 광석을 선택하여 변경해주어야 합니다.

자, 이제 코드가 완성되었습니다. M:EE 채팅창에 '금'이라고 입력하면서 주어진 미션을 완료해봅시다.

▲ 에이전트가 황금 광석만을 수집하는 코드

> **콕콕 포인트**
>
> ### 포인트: 황금 광석 수집 미션, 반복문으로 한번에 해결하기!
>
> 지금까지 채팅명령어 'c' 또는 '금'을 입력하여 에이전트가 블록을 하나씩 파괴하고 앞으로 이동하며 블록을 수집하도록 코딩했습니다. 에이전트가 많은 양의 블록을 한꺼번에 파괴하고 수집해야 할 때는 [반복] 카테고리에 있는 코드블록을 활용해보세요! 채팅명령어를 너무 자주 입력해야만 하는 번거로운 상황을 벗어날 수 있습니다.
>
> 다섯 번째 미션의 미션 5-A, B, C에서 파괴해야 하는 블록들이 각각 10개이므로, 10번 반복하도록 코딩을 하면 한번의 채팅명령어 입력으로 깔끔하게 미션을 해결할 수 있습니다!

STEP 3 필요한 아이템만 수집하기

이제 에이전트가 모든 블록, 또는 특정 블록을 수집하도록 코드를 작성할 수 있습니다. 지금부터는 에이전트가 필요한 아이템만을 수집할 수 있도록 코드를 작성해봅시다.

미션 5-C: 다이아몬드와 레드스톤 수집하기

미션 5-C에서는 앞에 있는 블록을 파괴하면서 다이아몬드와 레드스톤을 수집해야 합니다.

▲ 미션 5-C: 다이아몬드와 레드스톤 수집하기

다이아몬드와 레드스톤은 블록이 아니라 아이템으로 구분됩니다. 따라서 앞에서 사용했던 (에이전트가 아이템 모으기 ~) 코드블록에 (블록 선택) 코드블록을 바꿔 끼우지 않아도 됩니다.

▲ 아이템의 형태로 나타나는 다이아몬드와 레드스톤

미션 5-B에서 작성한 코드를 선택하여 복사한 후, 붙여 넣기 해줍니다. 〔에이전트가 아이템 모으기 ~〕 코드블록에 [블록] 카테고리에서 〔아이템 선택〕 코드블록을 찾아 끼워 줍니다.

〔아이템 선택〕 코드블록의 기본값은 '철제 삽'입니다. 삽 그림을 클릭한 후, 레드스톤을 선택해 아이템을 변경해줍니다. 검색란에 '레드스톤'이라고 입력하면 훨씬 편리하게 아이템을 찾을 수 있습니다.

다이아몬드도 수집해야 하기 때문에 [에이전트] 카테고리에서 〔**에이전트가 아이템 모으기 ~**〕 코드블록을 하나 더 가져와 끼워줍니다. 마찬가지로 다이아몬드로 수집할 아이템을 바꿔줍니다.

▲ 에이전트가 레드스톤과 다이아몬드를 수집하는 코드

채팅명령어는 레드스톤(redstone)과 다이아몬드(diamond)의 앞글자를 따서 'rd'로 지정했습니다.

M:EE 채팅창에 'rd'를 입력해서 코드가 잘 실행되는지 확인해보세요. 에이전트가 앞쪽의 블록을 파괴하고 레드스톤과 다이아몬드 아이템들을 모두 수집하는 것을 확인할 수 있습니다.

▲ 아이템의 형태로 나타나는 다이아몬드와 레드스톤

04 나만의 로봇 친구, 에이전트

레드스톤이나 다이아몬드를 광석 블록으로 캐내는 방법, 곡괭이 인챈트하기!

철광석과 금광석을 제외한 블록들은 곡괭이로 캐냈을 때 아이템 형태로 나타납니다. 때문에 미션 5-B에서 황금 광석은 [블록 선택] 코드블록으로, 미션 5-C에서 레드스톤과 다이아몬드는 [아이템 선택] 코드블록을 사용해 수집하도록 코드를 작성했습니다.

하지만 다른 블록들을 광석블록의 형태로 캐내는 것이 불가능한 것만은 아닙니다. M:EE에서는 효과부여대에서 아이템에 마법을 부여할 수 있는데, 이것을 '**인챈트**'라고 부릅니다. 곡괭이를 인챈트하여 '채굴 정확성' 효과가 부여되면 레드스톤이나 다이아몬드를 아이템이 아닌 광석 블록의 형태 그대로 캐낼 수 있습니다.

마법을 부여하는 방법은 꽤 까다롭기 때문에 이 책에서는 다루지 않습니다. '인챈트'가 궁금하다면 인터넷이나 다른 책을 통해 알아보세요!

▲ 효과부여대에서 곡괭이의 '채굴 정확성' 인챈트하기

▲ '채굴 정확성'이 인챈트된 곡괭이로 레드스톤과 다이아몬드 채굴하기

STEP 4   에이전트의 아이템 모두 버리기

다섯 번째 미션의 마지막에는 보너스 미션이 있습니다. 보너스 미션 내용은 에이전트의 인벤토리에 있는 모든 아이템들을 버리는 것입니다. 이제 곧 다섯 번째 미션을 모두 완료할 수 있습니다.

다섯 번째 미션의 마지막 보너스 미션 내용을 알려주는 패널 바로 아래에 에이전트의 아이템을 버릴 수 있도록 구덩이가 있습니다. 아래가 좁아지는 모양의 구덩이로 '아이템 호퍼'라고 부릅니다. 아이템 호퍼에 에이전트가 갖고 있는모두 아이템을 던져 넣도록 하면 됩니다.

▲ 보너스 미션: 에이전트의 모든 아이템 버리기

'버리기'라고 채팅명령어를 입력하면 에이전트가 갖고 있는 모든 아이템을 앞으로 버리도록 코드를 작성해볼까요? [에이전트] 카테고리에 있는 〔에이전트가 ~에 모든 아이템 버리기〕 코드블록을 사용하면 됩니다.

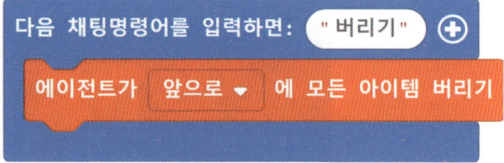

▲ 에이전트가 모든 아이템을 버리게 하기

먼저 에이전트를 호퍼 앞으로 소환한 후, M:EE 채팅창에 '버리기'라고 채팅명령어를 입력해보세요. 에이전트가 아이템을 모두 버렸다면 오른쪽에 보이는 레드스톤 램프에 불이 켜질 것입니다.

프로젝트 업그레이드 필요한 블록이나 아이템만 골라서 캐기

지금까지는 모든 블록을 파괴한 후에 필요한 블록이나 아이템을 수집하는 코드를 작성했습니다. 이번에는 필요한 블록만 먼저 확인한 후, 파괴하도록 코드를 작성해보겠습니다.

지금 플레이하고 있는 'Agent 체험판' 월드의 다섯 번째 미션을 이 방법으로 해결해보려고 합니다. 지금은 다섯 번째 미션을 모두 해결해서 블록들이 모두 파괴된 상태입니다. 어떻게 하면 될까요? 맞습니다, 현재 플레이 중인 Agent 체험판 월드를 종료한 후, 새로운 Agent 체험판 월드를 만들면 됩니다.

새롭게 만든 Agent 체험판 월드에서 다섯 번째 미션 5-C까지 이동한 후, 에이전트를 소환해줍니다. 10개의 블록 중, 흑요석을 제외하고 레드스톤과 다이아몬드 광석만 채굴해봅시다.

먼저 미션 5-C의 시작점에서 에이전트를 공중으로 1칸 띄워주세요. 에이전트가 블록 위를 지나가면서 발 아래의 블록이 필요한 블록인지 먼저 확인한 후, 필요한 것이라면 채굴하고 필요하지 않은 것이라면 그냥 지나쳐 다음 블록을 확인하도록 코드를 작성해보겠습니다.

▲ 발 아래의 블록을 확인하는 에이전트

'골라캐기'로 채팅명령어를 지정해서 코드를 작성해보겠습니다. 우선 첫 번째 블록을 확인하기 위해서 에이전트를 앞으로 한 칸 이동시키는 코드를 만들어줍니다. [에이전트] 카테고리에서 (에이전트가 이동: 방향~ 거리~) 코드블록을 이용하세요.

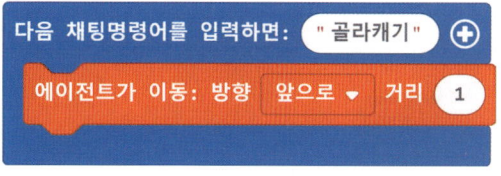
▲ 에이전트를 앞으로 1칸 이동시키기

이제 에이전트가 발 아래의 블록이 레드스톤이나 다이아몬드 광석인지 확인하도록 할 차례입니다. [에이전트] 카테고리에서 에이전트가 블록을 검사해주는 코드블록과 [논리] 카테고리에서 주어진 조건을 비교하는 코드블록과 사용합니다. 검사할 광석이 무엇인지 지정하기 위해서는 [블록] 카테고리의 (블록 선택) 코드블록도 필요합니다.

▲ 에이전트가 발 아래 블록이 레드스톤인지 검사하는 코드

▲ 에이전트가 발 아래 블록이 다이아몬드인지 검사하는 코드

에이전트는 발 아래 블록이 레드스톤 광석인지 다이아몬드 광석인지 검사하는 코드를 둘 다 수행하고, 두 조건 중 하나라도 만족한다면 채굴을 시작해야 합니다. [논리] 카테고리의 (또는(or)) 코드블록으로 위에서 만든 두 종류의 검사 코드를 하나의 조건으로 연결해주어야 합니다.

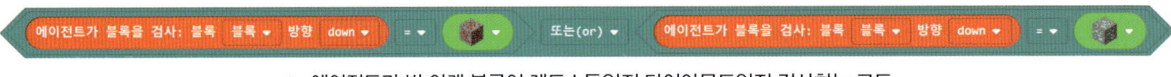

▲ 에이전트가 발 아래 블록이 레드스톤인지 다이아몬드인지 검사하는 코드

이제 발 아래 블록을 검사하는 조건을 완성했습니다. [논리] 카테고리에서 (만약(if) ~이면 실행) 코드블록에 완성한 검사 조건을 끼워 넣고 코드를 완성해봅시다.

주어진 검사 조건이 참이면, 에이전트가 발 아래에 있는 블록을 파괴하고 레드스톤과 다이아몬드 아이템을 수집할 수 있도록 코드를 만들어줍니다. 미션 5-C에서처럼 (에이전트가 블록을 파괴: down), (에이전트가 아이템 모으기) 코드블록을 사용해서 코드를 작성해줍니다

▲ 에이전트가 발 아래 블록이 레드스톤 또는 다이아몬드 광석일 때 채굴하는 코드

마지막으로 맨 처음에 만들었던 '골라캐기' 채팅명령어 코드블록 사이에 끼워 넣으면 완벽한 코드가 완성됩니다.

▲ '골라캐기' 채팅명령어를 입력하면 에이전트가 발 아래 블록이 레드스톤 또는 다이아몬드 광석일 때만 채굴하는 코드

작성한 코드를 실행하면 에이전트는 공중에서 앞으로 한 걸음 나아간 뒤, 발 아래의 블록이 레드스톤 광석이 맞는지 또는 다이아몬드 광석이 맞는지 조건을 확인합니다. 그리고 조건이 맞다면 발 아래의 블록을 파괴하고 레드스톤 아이템과 다이아몬드 아이템을 수집합니다. 조건을 만족하지 않으면 블록을 파괴하지 않고 지나치게 됩니다.

채팅명령어인 '골라캐기'를 여러 번 입력하는 것이 번거롭다면 [반복] 카테고리에 있는 **(반복(repeat): ~회 실행)** 코드블록을 사용하면 됩니다. 미션 5-C의 블록은 모두 10개이므로 반복은 10회만 실행되도록 합시다.

▲ 한 번의 채팅명령어 입력으로 에이전트에게 필요한 블록만 골라 캐도록 하는 코드

03

에이전트와 농사 짓기

STEP 1   작물 수확하기

M:EE에서 생존하기 위해서는 반드시 농사를 지어야 합니다. 농사를 지을 수 있는 작물로는 밀, 호박, 당근, 감자, 호박, 사탕수수 등이 있습니다.

▲ M:EE의 여러가지 작물들

1단계   에이전트에게 농작물 수확시키기

여섯 번째 미션에서는 에이전트와 함께 농사를 지어야 합니다. 미션 장소 정면에 있는 큰 상자에 에이전트가 농사를 짓는데 필요한 아이템들이 들어있습니다. 이 아이템들을 전부 에이전트에게 전달해 봅시다.

▲ 여섯 번째 미션: 에이전트와 농사 짓기

우선 상자에 있는 아이템을 전부 꺼내 보겠습니다. 상자를 마우스 오른쪽 버튼으로 클릭해서 열어보세요.

위쪽 상자 내부의 아이템들을 모두, 아래쪽 플레이어의 인벤토리로 옮겨주세요. 이때 〈Shift〉 키를 누른 채로 아이템을 클릭하면 빠르게 아이템을 옮길 수 있습니다.

▲ 큰 상자에 들어 있는 농사에 필요한 아이템들

모든 아이템들은 다시 에이전트의 인벤토리를 열어 에이전트에게 전해줍시다. 에이전트를 마우스 오른쪽 버튼으로 클릭하면 에이전트의 인벤토리로 아이템을 전달할 수 있습니다.

▲ 농사 아이템을 에이전트에게 전달하기

이번에는 에이전트가 작물을 직접 수확하도록 해 봅시다. 오른쪽으로 이동해서 울타리 문을 먼저 열고, 에이전트를 소환해 들여보내 주세요.

에이전트를 소환하고 이동시키는데 필요한 코드들은 앞서 배운 코드들을 이용해 직접 작성하시면 됩니다.

▲ 농작물 수확을 준비하는 에이전트

M:EE 채팅창에 '수확'이라고 입력하면, 에이전트가 밭의 끝까지 걸어가면서 작물을 수확하도록 코드를 만들어봅시다.

먼저 다섯 번째 미션의 미션 5-A처럼 블록을 파괴하고 수집하는 코드를 만들어줍니다.

▲ 블록을 파괴하고 아이템을 수집하는 코드

밭 한 줄의 길이는 11칸입니다. 지금 만든 코드가 11회 반복되도록 [반복] 카테고리에서 (**반복(repeat): ~회 실행**) 코드블록을 가져와 코드를 완성해보세요.

작성한 코드를 실행해봅시다. 농작물 한 줄을 전부 수확한 뒤, 나머지 농작물도 모두 수확해보세요!

잘못하면 천하무적 에이전트가 울타리를 부수고 나올 수도 있습니다. 농작물을 수확할 위치까지 정확히 이동시킨 후에 채팅명령어를 실행하도록 하세요.

▲ 밭 한 줄을 수확하는 코드

STEP 2   농사의 기초, 밭 갈기

작물마다 재배 환경이 조금씩 다르긴 하지만 대부분의 농작물은 경작된 땅과 물이 필요합니다. 플레이어로 농사를 지을 때는 '괭이' 아이템을 사용해서 땅을 부드러운 흙으로 만들 수 있습니다. 작물을 키우기 위해서 먼저 밭을 갈아야 합니다. 경작된 땅 주변에 물이 없으면 땅이 금새 말라버려서 딱딱한 상태로 돌아가기 때문에 반드시 근처에 물을 두어야 합니다.

1단계   에이전트에게 경작시키기

앞서 여섯 번째 미션을 통해 에이전트에게 농작물을 수확하도록 코드를 작성해보았습니다. 여섯 번째 미션에는 에이전트에게 땅을 경작시키는 또다른 미션이 있습니다. 경작지는 앞서 농작물을 수확했던 땅의 오른쪽에 있습니다. 오른쪽 땅은 근처에 물이 없기 때문에 밭을 갈아도 금새 말라버려서 원래 딱딱한 땅으로 돌아가버립니다. 하지만 신경 쓰지 말고 밭을 갈아봅시다. 지금은 연습이 목적이니까요.

▲ 또다른 여섯 번째 미션 수행지

에이전트로 땅을 경작할 때는 '괭이' 아이템이 없어도 가능합니다. 너무 편리하죠?

에이전트가 밭 전체를 경작하도록 '밭갈기'라는 코드를 만들려고 합니다. 우선 시작 지점에서 출발하여 앞으로 12칸 경작을 하는 코드를 만들어주세요.

[에이전트] 카테고리에 있는 (**에이전트가 경작**) 코드블록과 경작이 끝나면 앞으로 1칸 이동해주는 (**에이전트가 이동: 방향~ 거리~**) 코드블록을 사용해야 합니다. 경작을 12번 반복시키기 위해서 [반복] 카테고리에 있는 (**반복(repeat): ~회 실행**) 코드블록을 사용합니다.

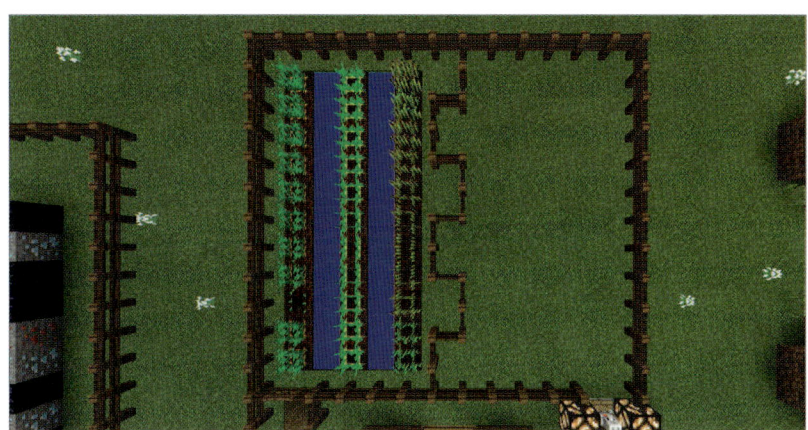

▲ 에이전트가 밭을 한 줄 경작하도록 하는 코드

작성한 명령어를 실행하면 에이전트가 시작 지점부터 12칸을 경작한 모습을 확인할 수 있습니다.

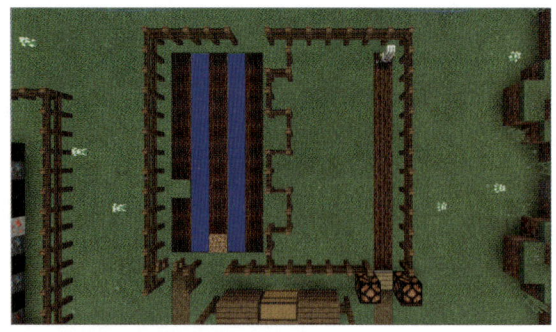

▲ 에이전트가 밭을 한 줄 경작한 모습

에이전트가 밭을 한 줄 경작한 후에 멈추지 않고 계속해서 밭을 2줄 더 경작하게 하려면 어떻게 해야 할까요?

에이전트가 몸을 돌려 앞으로 1칸 이동한 후에 다시 몸을 돌려 새롭게 경작할 위치로 이동할 수 있도록 코드를 작성해줍니다.

앞서 작성한 앞으로 12칸 밭을 갈아주는 '밭갈기' 코드를 추가한 후, 다시 에이전트가 새롭게 경작할 위치로 이동할 수 있도록 몸을 돌려 이동하는 코드를 추가해줍니다. 이때 에이전트가 몸을 틀어 1번 경작할 수 있도록 코드를 수정해줍니다.

▲ 에이전트가 두 줄을 경작하도록 하는 코드

방금 작성한 코드를 미리 작성해두었던 '밭갈기' 코드 안에 끼워 넣습니다. 그러면 밭 갈기가 끝난 지점에서 에이전트가 몸을 돌려가며 두 줄을 더 경작하게 됩니다.

작성한 명령어를 실행하면 에이전트가 시작 지점부터 12칸을 경작한 모습을 확인할 수 있습니다.

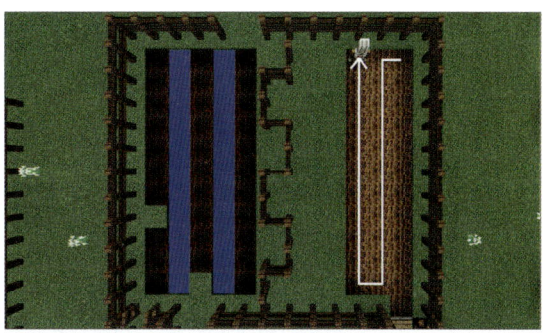
▲ 코드를 추가했을 때 에이전트의 이동경로

추가된 코드를 한 번만 더 실행하면 나머지 밭을 모두 경작할 수 있습니다. [반복] 카테고리에 있는 **(반복(repeat): ~회 실행)** 코드블록으로 전체 코드를 감싼 후, 반복 횟수는 '2회'로 지정합니다.

이제 M:EE 채팅창에 '밭갈기'를 입력하면 에이전트가 시작 지점부터 밭 전체를 한 번에 경작할 겁니다. 이미 에이전트가 밭을 일부 경작했기 때문에 경작지 시작 지점으로 에이전트를 이동시킨 후에 명령을 실행하세요.

▲ 완성된 '밭갈기' 코드

아래로는 경작할 수 없어요!

▲ 에이전트가 아래를 경작하는 모습

[에이전트가 경작: ~] 코드블록에서 경작 방향을 'down'으로 지정하면 어떻게 될까요?

에이전트가 밟고 있는 땅부터 경작할 것 같지만 사실은 그렇지 않습니다. 계속해서 아래쪽으로만 경작하게 됩니다.

불편하다고 느끼시겠지만 현재 에이전트가 밟고 있는 땅을 경작할 수 있는 방법은 없습니다.

STEP 3 씨 뿌리기

경작을 끝냈으니 씨앗을 심어봅시다. 대부분의 작물은 경작된 땅이 아니면 심을 수가 없습니다. 이제 처음으로 에이전트가 아이템을 사용하게 되었습니다. 아이템을 사용하기 위해서는 에이전트가 갖고있는 여러가지 아이템 중에서 사용할 아이템을 먼저 선택해야 합니다. 에이전트를 마우스 오른쪽 버튼으로 클릭해서 에이전트의 인벤토리 창을 띄워봅시다.

▲ 에이전트의 인벤토리

에이전트는 27개의 아이템 슬롯을 가지고 있습니다. 인벤토리의 슬롯 번호는 첫 번째 줄 제일 왼쪽부터 1번입니다. 왼쪽 인벤토리 창에서는 슬롯 1에 비트 씨앗, 슬롯 2에 당근 그리고 슬롯 16에 밀이 있습니다.

에이전트에게 비트 씨앗을 심게 하려면, 먼저 (에이전트가 ~슬롯을 활성화) 코드블록으로 에이전트 인벤토리에서 비트 씨앗이 있는 슬롯을 활성화시킨 후에 (에이전트가 블록놓기 ~) 코드블록을 사용해 비트 씨앗을 앞에 심도록 하면 됩니다.

1단계 에이전트에게 경작시키기

그러면 씨앗을 심기 위해 여섯 번째 미션 수행지의 왼쪽 땅 시작 지점에 에이전트를 불러옵시다.

에이전트를 소환하거나 이동하는 코드들은 미리 만들어 두세요.

▲ 씨앗을 심기 전 시작 지점에 에이전트 불러오기

M:EE 채팅창에 '씨앗심기'라고 입력하면 에이전트가 밭에다 한 줄씩 비트 씨앗을 심도록 코드를 작성해보겠습니다.

먼저 (에이전트가 ~슬롯을 활성화) 코드블록으로 씨앗이 들어있는 에이전트 인벤토리의 슬롯 1을 활성화해줍니다. (에이전트가 블록놓기 ~) 코드블록의 옵션을 'down'으로 설정해서 에이전트가 발 아래의 땅부터 씨앗을 심을 수 있도록 해줍니다. 씨앗을 심은 에이전트가 앞으로 1칸 이동하도록 코드를 추가해줍니다.

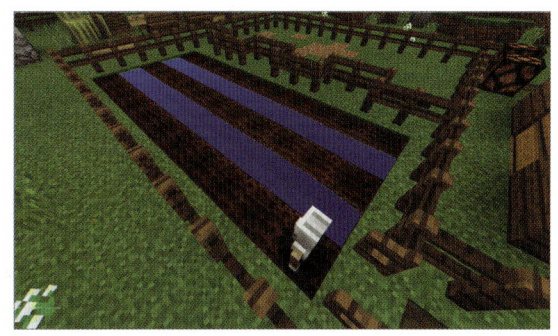

▲ 완성된 '씨앗심기' 코드

[반복] 카테고리에 있는 (반복(repeat): ~회 실행) 코드블록으로 11회 반복해서 씨앗을 심을 수 있도록 코드를 완성해주세요. 이 코드를 활용해서 나머지 땅에 원하는 작물을 심고 자신만의 농장을 가꾸어 보세요!

에이전트 발 아래 씨앗 심기!

(에이전트가 경작 'down') 코드블록과 달리 (에이전트가 블록놓기 'down') 코드블록으로는 에이전트의 발 아래 땅에 바로 씨앗이나 묘목을 심을 수 있습니다. 단, 일반 블록이나 사탕수수처럼 블록 모양의 작물은 에이전트의 발 아래 땅에 놓을 수 없습니다.

▲ 발 아래 씨앗을 심는 에이전트

프로젝트 업그레이드 에이전트로 메마른 땅 개간하기

마지막으로 물을 길어 밭을 가꾸는 방법을 알아봅시다. 경작한 땅을 마르지 않게 하기 위해서는 반드시 물이 필요합니다. 여섯 번째 미션의 오른쪽 땅에 물길을 내고 물을 길어 밭을 가꾸어 봅시다. 물은 양동이로 길어 다른 곳으로 옮길 수 있는데, 물 한 양동이는 한쪽 방향으로 최대 7칸까지 퍼집니다.

▲ 중심에서 최대 7칸까지 퍼지는 물

에이전트 인벤토리에는 여섯 번째 미션 수행 상자에서 꺼낸 물 양동이 아이템이 6개 들어 있을 겁니다. 이 물 양동이를 물길의 한가운데에 사용하면 물길 전체에 물이 흐르도록 만들 수 있습니다.

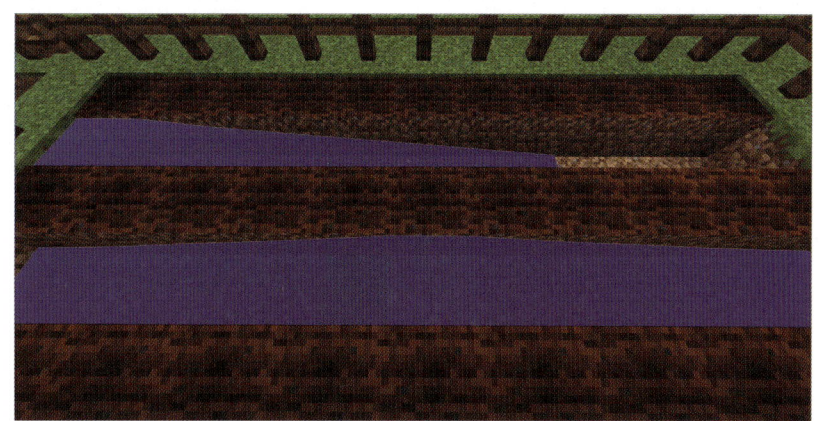

▲ 물길의 끝에 물 양동이를 사용한 모습과 물길의 중심에 물 양동이를 사용한 모습

자, 이제 에이전트가 땅을 파고 물길을 낸 후, 물길 한가운데에 물 양동이를 사용해 물을 붓도록 하겠습니다. 에이전트를 밭 한쪽 끝으로 이동시킨 후, 채팅명령어 '물길'을 입력하면 코드가 실행되도록 하겠습니다.

물길을 파기 위해 [에이전트] 카테고리의 〔에이전트가 블록 파괴〕, 〔에이전트가 이동: 방향~ 거리~〕 코드블록을 사용해보세요.

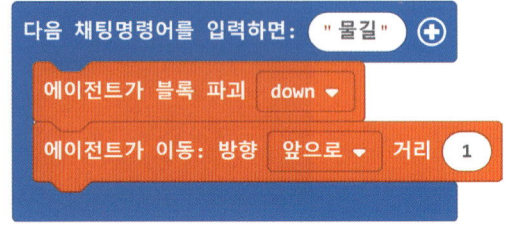

▲ 물길 한 칸 파내기

▲ 에이전트 인벤토리의 슬롯 7~12에 있는 물 양동이

물길을 파는 코드를 완성했다면 [반복] 카테고리의 **(반복(repeat): ~회 실행)** 코드블록을 사용해 5회 반복하도록 합니다. 해당 코드로 5칸의 물길을 파낼 수 있습니다. 밭은 한 줄에 11칸이므로 5칸 물길 파기를 반복한 후 물 양동이를 사용하도록 합시다.

물 양동이를 사용하기 위해서는 먼저 물 양동이가 들어있는 슬롯을 활성화시켜 주어야 합니다.

슬롯 7에 있는 물 양동이를 사용하기 위해 해당 슬롯을 활성화시켜 줍니다. 그 다음 에이전트 발 아래 블록을 놓도록 코드를 작성해줍니다.

나머지 5칸을 마저 파내어 물길을 완성해줍시다.

▲ 완성된 '물길' 코드

완성된 땅 주변을 에이전트를 이용해 경작하고 씨앗을 심어서 여러분만의 밭을 완성해보세요!

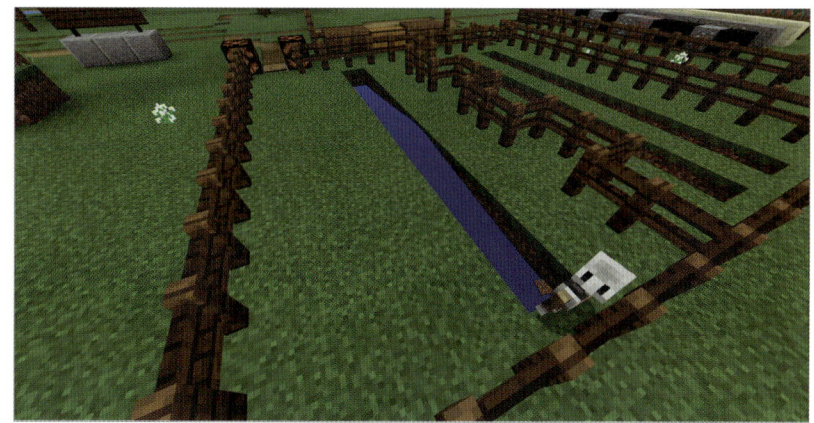

▲ 에이전트가 물길을 완성한 모습

05

보이지 않는 건축가, 빌더

01

빌더 코드블록 이해하기

> 💡 **오늘의 프로젝트**
>
> ## 빌더 이동시키기

메이크코드에는 여러분이 M:EE 월드를 재미있게 탐험할 수 있도록 도와주는 많은 도우미들이 있습니다. '에이전트'가 농작물을 수확하거나 아이템 수집을 도와주었던 것처럼, '**빌더**'는 여러분이 다양한 건축물을 지을 수 있도록 도와줍니다. 빌더를 이용해 집이나 높은 빌딩 또는 멋진 성과 같은 건축물을 뚝딱 지을 수 있다니, 생각만 해도 편리할 것 같지 않나요?

빌더는 에이전트와 다르게 눈에 보이지 않습니다. 때문에 빌더를 사용하는 것이 에이전트를 사용하는 것보다 조금 어렵게 느껴질 수 있습니다. 투명한 건축가, 빌더를 사용하면 무엇이 편리한지, 또 어떻게 사용하면 되는지 한 번 알아볼까요? 이번 챕터에서는 빌더에게 명령을 내릴 수 있는 코드블록의 종류를 알아보고, 빌더의 위치를 확인하는 간단한 코드를 만들어 보려고 합니다.

STEP 1 　 빌더 코드블록의 기능 알아보기

빌더와 관련된 코드블록은 다른 카테고리와는 달리 제일 아래 [고급] 카테고리 안에 들어있습니다. 메이크코드의 코드 에디터 화면으로 들어가면 [고급] 카테고리가 접혀 있는 상태로 표시되므로, [빌더] 카테고리가 보이지 않습니다. [고급] 카테고리를 클릭하면 [빌더] 카테고리가 보일 겁니다.

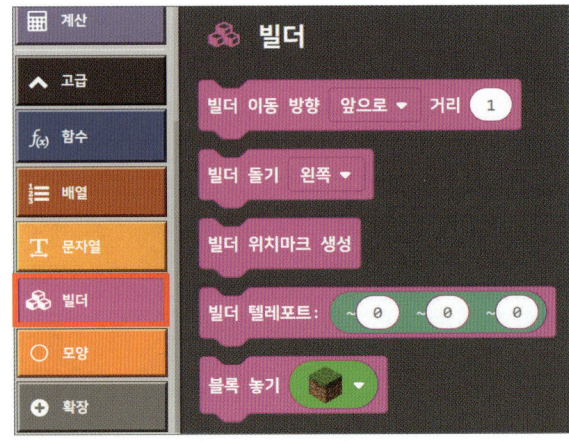

[빌더] 카테고리에는 모두 18가지의 코드블록이 있습니다. 빌더의 위치와 이동, 건축과 관련된 코드블록 외에도 고급 기능과 관련된 코드블록이 포함되어 있습니다. 빌더와 관련된 코드블록들은 모두 분홍색입니다. 지금부터 빌더와 관련된 코드블록의 기능에 대해 알아봅시다.

빌더의 위치, 이동과 관련된 코드블록

빌더의 위치나 이동과 관련된 코드블록들을 활용하면 빌더를 원하는 위치로 이동시킬 수도 있고, 빌더의 시작 위치를 설정하거나, 빌더의 현재 위치를 확인할 수도 있습니다.

코드블록	설명
빌더 이동: 방향 앞으로 거리 1	빌더를 지정한 방향으로 이동시키는 코드블록
빌더 돌기 왼쪽	빌더의 방향을 왼쪽 또는 오른쪽으로 바꿔주는 코드블록
빌더 텔레포트: ~0 ~0 ~0	플레이어를 기준으로 한 상대좌표로 빌더를 텔레포트 시키는 코드블록
빌더 위치마크부터 이동한 경로에 블록 놓기	빌더가 위치마크부터 이동한 경로에 지정된 블록을 놓게하는 코드블록
빌더 바라보기 서쪽(-X)	빌더가 바라보는 방향을 결정하는 코드블록
빌더 위치를 시작점으로 설정	빌더의 현재 위치를 시작점으로 설정하는 코드블록
빌더 절대좌표	현재 빌더가 위치한 절대좌표를 알려주는 코드블록
빌더 텔레포트: 시작점	빌더를 시작점으로 텔레포트 시키는 코드블록

메이크코드 & 마인크래프트 에듀케이션 에디션

빌더의 건축 관련 코드블록

빌더의 건축 관련 코드블록을 활용하면 빌더가 블록을 놓거나 라인을 만들고, 벽을 세우게 할 수 있습니다.

코드블록	설명
블록 놓기	빌더가 현재 위치에 지정한 블록을 놓는 코드블록
빌더 위치마크 생성	빌더의 현재 위치에 위치마크를 생성하는 코드블록
빌더 위치마크부터 채우기	빌더가 현재 위치와 위치마크 사이의 공간을 지정된 블록으로 채우는 코드블록
빌더 위치마크부터 라인 만들기	빌더가 현재 위치와 위치마크 사이에 지정된 블록으로 라인을 만드는 코드블록
빌더 위치마크부터 벽 세우기 높이 5	빌더가 현재 위치와 위치마크 사이의 공간에 지정된 높이의 벽을 세우는 코드블록

빌더의 고급 기능과 관련된 코드블록

빌더의 건축 관련 코드블록을 활용하면 빌더의 행동을 복사해서 붙여 넣거나 빌더의 상태를 저장했다가 불러올 수 있습니다. 반복적인 건축 작업에 활용하면 편리한 기능입니다!

코드블록	설명
빌더 위치마크부터 모든 블록 복사	빌더가 현재 위치부터 위치마크 사이에 있는 모든 블록을 복사하는 코드블록
빌더 모든 블록 붙여넣기	빌더가 방금 복사한 모든 블록을 현재 위치에 붙여넣는 코드블록
빌더 상태 집어넣기	빌더의 현재 상태를 저장하는 코드블록
빌더 상태 불러오기	저장된 빌더의 상태를 불러오는 코드블록

빌더의 코드블록은 직관적으로 어떤 기능을 갖고 있는지 알 수 있는 것도 있지만, 어떤 기능을 갖고 있는지 감이

잘 오지 않는 코드블록이 많습니다. 하지만 걱정하지 마세요. 이제부터 살펴볼 내용을 차근차근 잘 따라한다면 코드블록의 기능을 이해할 수 있을 겁니다. 자, 코드블록이 어떠한 기능을 하는지 알아보도록 할까요?

STEP 2 　 빌더 소환하기

빌더를 사용할 때 가장 난감한 점은 빌더가 눈에 보이지 않는다는 것입니다. 코드 커넥션(Code Connection)으로 M:EE과 메이크코드를 연결하면 에이전트가 자동으로 나타나는 것처럼, 사실 이미 빌더도 자동으로 나타나 있습니다. 다만 눈에 보이지 않는 것뿐입니다. 그래서 먼저 빌더의 위치를 파악하는 방법부터 알아보려고 합니다.

빌더의 현재 위치 파악하기

빌더가 있는 위치에 블록을 놓아 위치를 알 수 있도록 코드를 만들어 보겠습니다. 작성한 코드를 채팅명령어로 만들어 실행하기 위해서는 어떻게 해야 할까요? 맞습니다, 바로 [플레이어] 카테고리에 있는 (**다음 채팅명령어를 입력하면: ~**) 코드블록이 필요합니다. 그 다음 [빌더] 카테고리에 있는 (**블록 놓기**) 코드블록을 찾아 끼워 넣습니다.

▲ 빌더의 현재 위치에 잔디 블록 놓기

코드를 실행하면 에이전트 앞에 잔디 블록이 생깁니다. 저 블록은 에이전트가 아닌 빌더가 놓은 것입니다. 에이전트가 자신의 위치한 곳에 블록을 놓을 수 없는 것과는 다르게, 빌더는 현재 자신이 위치한 곳에 블록을 놓을 수 있습니다. 이것은 빌더가 공기처럼 투명하기 때문에 가능한 일입니다. 바로 이러한 특징 때문에 건축물을 만들 때 면적이나 높이를 복잡하게 계산하지 않아도 됩니다. 어때요, 편리하지 않나요?

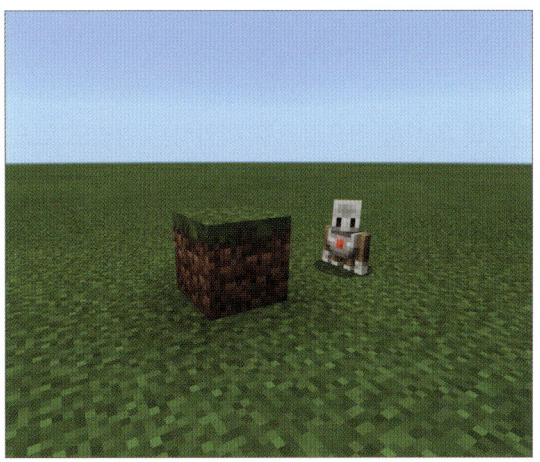
▲ '빌더 블록놓기' 코드 실행 결과

빌더 소환하기

이제 M:EE와 메이크코드가 연결되면 플레이어 옆에 에이전트와 빌더가 있다는 것을 알게 되었습니다. 만약 M:EE 월드를 탐험하다가 빌더가 필요하게 되면 어떻게 해야 할까요? 눈에 보이지 않는 빌더를 플레이어 위치로 불러와야 합니다. 이러한 경우에 [빌더] 카테고리에 있는 코드블록 중에서 빌더를 텔레포트 시켜주는 코드블록을 활용해 코드를 만들면 됩니다. 빌더를 플레이어 위치로 소환하는 코드를 작성해봅시다.

[플레이어] 카테고리의 (**다음 채팅명령어를 입력하면**) 코드블록과 [빌더] 카테고리의 (**빌더 텔레포트**), (**블록 놓기**) 코드블록을 사용해서 코드를 만들면 됩니다. 이때 빌더는 플레이어의 위치를 중심으로 하는 상대좌표로 텔레포트하게 됩니다.

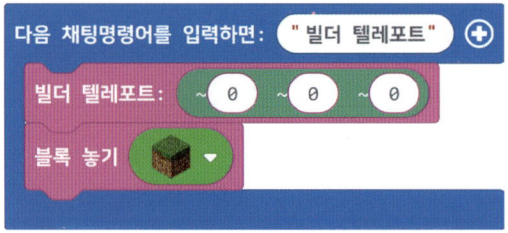
▲ 완성된 '빌더 텔레포트' 코드

상대좌표 값을 변경하면 플레이어의 위치를 기준으로 빌더를 불러올 위치를 지정할 수 있습니다. 또한 [위치] 카테고리의 (**월드 좌표**) 코드블록을 사용하면 절대좌표로도 불러올 수 있습니다.

▲ '빌더 텔레포트' 코드 실행 결과

빌더의 위치를 좌표값으로 확인하는 방법도 있습니다. 바로 (**빌더 절대좌표**) 코드블록을 사용하면 빌더의 좌표값을 채팅창에 표시할 수 있습니다.

[고급] 카테고리를 확장시킨 후, [문자열] 카테고리에 있는 (**문자열 연결**) 코드블록과 (**빌더 절대좌표**) 코드블록을 활용해 코드를 만들면 됩니다. 코드를 실행하면 채팅창에 빌더가 있는 곳의 절대좌표가 표시됩니다.

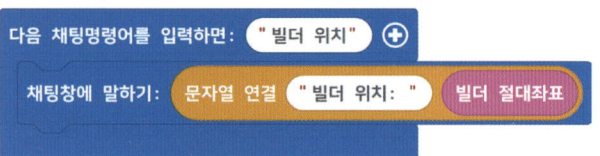
▲ 빌더의 절대좌표를 확인하는 코드

05 보이지 않는 건축가, 빌더

STEP 3 | 빌더 이동시키기

빌더는 에이전트와 마찬가지로 중력의 영향을 받지 않습니다. 빌더를 위로 움직이도록 하면 공중에 둥둥 떠 있게 됩니다. 그리고 빌더는 눈에 보이지 않기 때문에 위험한 몹들에게 공격을 받지도 않습니다. 천하무적 에이전트와 투명인간 빌더, 엄청난 친구들이 생겼습니다! 이제부터 빌더를 움직이는 방법을 자세히 알아보도록 하겠습니다.

빌더를 불러와 이동시키기

잔디밭 위에서 움직이면 빌더가 어느 정도 움직였는지 알아보기 어렵기 때문에 '석영 기둥 블록'을 놓아 사각형 바닥을 만들어 줍니다.

플레이어는 빨간 블록이 놓여진 위치에서 움직이지 말고 에이전트의 움직임을 관찰하세요.

▲ 석영 기둥 블록으로 만든 바닥과 플레이어의 위치를 표시한 빨간 블록

빌더를 플레이어 위치로 불러온 후에 소환된 위치에 '청금석 블록'을 놓게 합니다. 그리고 빌더를 앞으로 2칸 이동시킨 후에 '황금 블록'을 놓도록 하는 코드를 만들어 봅시다.

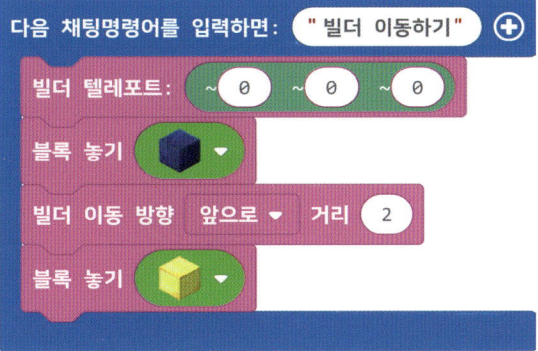
▲ '빌더 이동하기' 코드

125

빌더가 플레이어가 있는 곳으로 제대로 텔레포트 했는지 확인하기 위해 청금석 블록을 놓도록 한 것입니다. 그리고 빌더가 이동을 제대로 했는지 확인하기 위해 황금 블록을 놓도록 했습니다.

M:EE 채팅창에 '빌더 이동하기'라고 입력한 후, 코드가 제대로 실행되었는지 확인해보세요.

▲ '빌더 이동하기' 코드 실행 결과

그런데 문제가 하나 있습니다. 빌더를 앞으로 이동하게 하면 어느 방향으로 이동하게 될까요?

에이전트와는 다르게 빌더는 눈에 보이지 않기 때문에 어떤 방향을 보고 있는지 확인할 방법이 없습니다. 그러다 보니 '빌더 이동하기' 코드를 실행하면 결과가 오른쪽 그림과 같이 나올 수도 있습니다.

앞서 살펴본 실행 결과와 마찬가지로 시작과 마지막 지점이 2칸 떨어져 있습니다. 즉, 빌더가 바라보는 방향만 달랐을 뿐입니다. 소환 후 청금석 블록을 먼저 놓고, 앞으로 2칸 이동한 후 황금 블록을 놓은 것을 알 수 있습니다.

▲ 빌더가 다른 방향을 보고 있을 때 생길 수 있는 '빌더 이동하기' 코드 실행 결과

이렇게 빌더의 방향을 확인할 수 없어서 생기는 현상을 어떻게 예방할 수 있을까요? 바로 **[빌더가 바라보기]** 코드블록을 사용하면 이러한 문제를 해결할 수 있습니다. 정확히 원하는 방향으로 빌더를 움직이게 할 수 있습니다.

빌더가 바라보는 방향을 지정할 때는 현재 위치에서 동서남북 방위를 같이 생각해야합니다.

앞에서 석영 기둥 블록으로 바닥을 만들 때 위쪽 방향이 북쪽이었습니다. 따라서 빌더가 위쪽으로 2칸 이동한 후, 황금 블록을 놓도록 하려면 먼저 북쪽을 바라보게 해주어야 합니다.

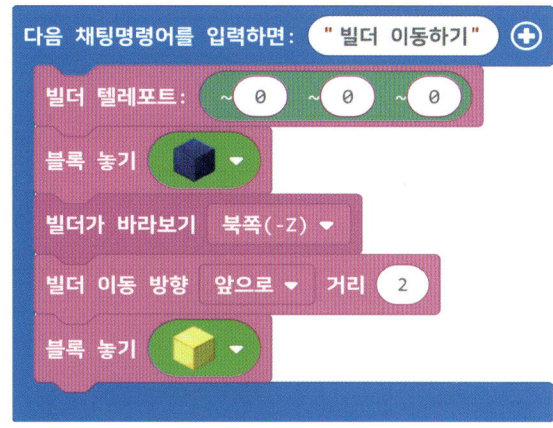

▲ [빌더가 바라보기] 코드블록을 사용하여 빌더의 이동 방향을 지정하기

빌더를 여러 방향으로 이동시키기

이번에는 빌더를 여러 방향으로 이동시켜볼까요? 조금 복잡하게 느껴질 수도 있지만 천천히 따라해보면 어렵지 않습니다. 빌더를 불러와 앞으로 2칸, 오른쪽으로 2칸 이동하도록 코드를 만들어 봅시다.

[빌더 텔레포트]와 **[블록 놓기]**, **[빌더가 바라보기]**, **[빌더 이동: 방향~ 거리~]**, **[블록 놓기]** 코드블록을 순서대로 끼워 맞추고 주어진 조건대로 값을 지정해서 코드를 완성해보세요.

▲ '빌더 복잡한 이동하기' 코드

M:EE 채팅창에 '빌더 복잡한 이동하기'라고 입력하면 코드가 실행됩니다. 빌더가 소환된 후에 청금석 블록을 놓고, 북쪽을 기준으로 앞으로 2칸, 오른쪽으로 2칸 이동한 것을 확인할 수 있습니다.

어때요, 빌더의 움직임을 이해하셨나요? 눈에 보이지 않아 조금은 어렵게 느껴지기도 하지만 빌더를 이용하면 어떠한 건축물이라도 편리하게 만들 수 있습니다. 빌더를 사용할 때는 먼저 빌더가 바라보는 방향을 지정해주어야 한다는 점 잊지 마세요!

▲ '빌더 복잡한 이동하기' 코드 실행 결과

프로젝트 업그레이드 | 빌더로 바닥과 벽 만들기

지금까지 살펴본 코드블록을 활용해서 간단한 미션을 수행해보세요. 빌더를 이용해 건축하는 것이 처음에는 익숙하지 않아 불편하게 느껴지겠지만, 복잡한 건축물일수록 빌더가 커다란 도움이 될 겁니다.

1단계 | 참나무 목재로 낮은 벽 만들기

빌더가 참나무 목재로 높이 1칸의 낮은 벽을 만들도록 코드를 만들어 봅시다. 먼저 어느 곳에 어떤 모양으로 건축할지 생각해보세요. 그리고 플레이어를 건축물을 만들 시작 위치로 먼저 이동시킵니다. 준비가 되었다면 빌더를 불러온 후, 기준이 되는 방향을 보도록 지정해주세요. 일반적으로 평면 지도에서 윗쪽이 북쪽을 나타내므로 빌더를 북쪽을 바라보도록 해주세요. 반복문으로 블록을 놓으면서 앞으로 1칸씩 이동하도록 코드를 만들면 됩니다. 작성한 코드를 실행하고, 결과를 확인해보세요.

▲ 참나무 목재로 낮은 벽 만들기
(위에서 본 모습)

▲ 완성된 '낮은벽' 코드

2단계 　참나무 목재로 바닥 만들기

이제 빌더가 참나무 목재로 바닥을 만들도록 코드를 작성해봅시다. 조금 전에 만든 코드를 변형하면 쉽게 작성할 수 있습니다. 먼저 빌더를 플레이어 위치로 불러온 후, 기준이 되는 방향을 바라보도록 지정해줍니다. 그리고 **(블록 놓기)**, **(빌더 이동: 방향~ 거리~)** 코드블록을 사용해 코드를 완성해보세요.

코드를 작성할 때는 빌더가 바라보는 방향과 이동 방향을 잘 생각해야 합니다. 1단계에서 작성했던 1줄을 만드는 코드를 그대로 사용할 경우, 빌더는 현재 위치부터 북쪽으로 5칸 참나무 목재를 놓은 후, 앞으로 1칸 이동하게 됩니다. 바로 옆에 1줄을 만들기 위해서는 이동 방향을 2번 지정해 바꿔주고 앞으로 1칸 이동시켜야만 합니다. 이렇게 하면 코드가 많이 복잡해집니다. 코드를 어떻게 바꾸면 좋을지 생각해보세요.

코드를 제대로 바꿔주었다면, 이동 방향을 변경해 1줄을 더 만들도록 하세요. 2줄을 만드는 코드를 2회 반복해주면 됩니다. 완성한 코드를 실행하고 결과를 확인해보세요.

▲ 참나무 목재로 바닥 만들기
(위에서 본 모습)

▲ 완성된 '바닥' 코드

3단계   참나무 목재로 높은 벽 만들기

이번에는 빌더가 참나무 목재로 너비 4칸, 높이 4칸의 높은 벽을 만들도록 코드를 작성해봅시다.

제시된 코드는 동일한 결과물을 만들기 위한 여러가지 방법 중에서 하나일 뿐입니다. 다양한 코드블록으로 조건에 맞는 건축물을 만들어 보세요. 건축물을 잘못 만들었다면 에이전트를 소환해 부수고, 빌더에게 새로 만들도록 명령하면 됩니다.

▲ 참나무 목재로 높은 벽 만들기
(옆에서 본 모습)

▲ 완성된 '높은벽' 코드

지금까지 빌더와 관련된 코드블록의 기능과 중요한 코드블록들에 대해 알아보았습니다. 사용하는 코드블록이 많아지면 작성한 코드가 조금 복잡하게 보입니다. 하지만 빌더는 솜씨가 좋은 건축가나 마찬가지라서 다양한 코드블록으로 집이나 성을 손쉽게 지을 수 있도록 도와준답니다.

02

빌더와 건축물 만들기

> 💡 **오늘의 프로젝트**
> ### 빌더로 편리하게 건축하기

지금까지 빌더의 특징과 빌더와 관련된 여러가지 코드블록에 대해 알아보았습니다. 빌더는 솜씨 좋은 건축가이기는 하지만, 눈에 보이지 않기 때문에 위치를 확인하고 이동 방향을 먼저 정해주는 것이 매우 중요하다는 것도 살펴보았습니다.

만약 스테인드글라스로 된 직육면체를 만들려고 하면 어떻게 해야 할까요? 빌더에게 일일이 블록을 놓도록 코드를 만들어야 한다면, 차라리 플레이어로 직접 만드는 것이 훨씬 편할지도 모릅니다. 지금부터 빌더의 건축을 더욱 편리하게 해주는 건축 코드블록에 대해 자세히 살펴보도록 하겠습니다.

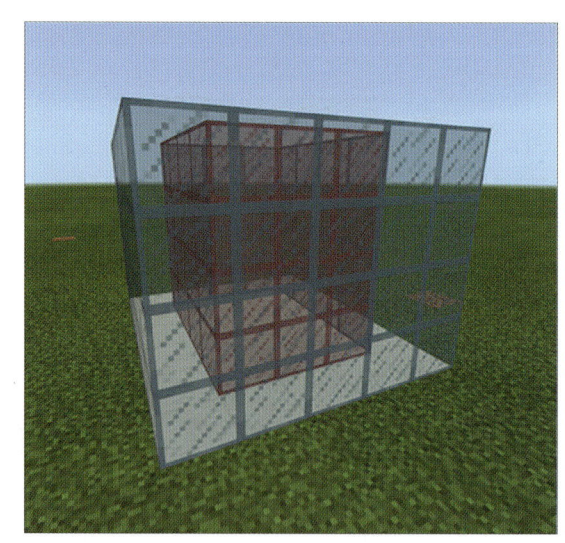

▲ 스테인드글라스 직육면체

05 보이지 않는 건축가, 빌더

STEP 1 | 빌더 위치마크 이해하기

앞에서 빌더의 건축과 관련된 코드블록들에 대해 살펴보았습니다. 물론 (**블록 놓기**) 코드블록으로도 건축물을 만들 수 있습니다만, 놓아야할 위치와 블록의 종류에 따라 코드블록을 많이 사용해야 하기 때문에 코드가 길어지고 복잡해졌습니다. 그런데 건축 코드블록을 활용하면 간단하게 건물을 지을 수 있답니다.

먼저 건축과 관련된 코드블록을 다시 한 번 살펴보도록 합시다.

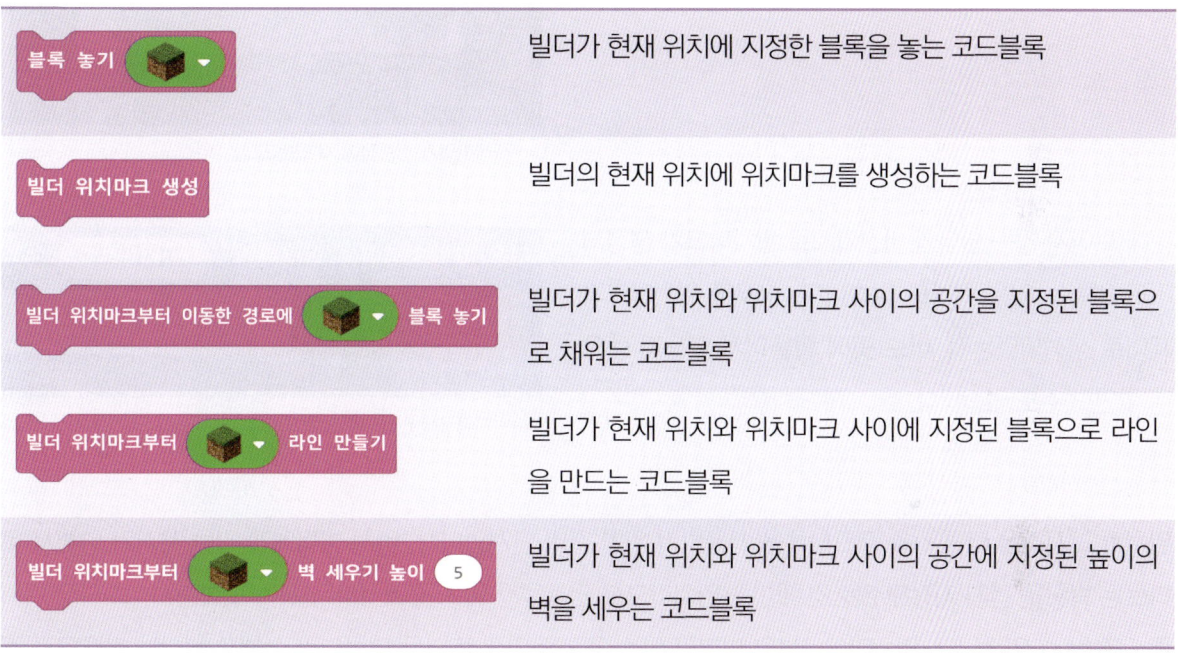

제일 기본적인 (블록 놓기) 외에도 코드블록이 4가지나 더 있습니다. 빌더의 건축과 관련된 코드블록들은 '**위치마크**'라는 개념을 사용합니다. 그럼 위치마크에 대해서 알아볼까요?

앞에서 석영 기둥 블록으로 만들었던 바닥 위에 올라가 봅시다. 오른쪽 그림과 같이 플레이어가 북쪽을 향하도록 하고, 왼쪽 아래에 서도록 합시다.

그리고 그 위치를 기준점으로 해서 다음과 같은 명령어를 입력해봅시다.

▲ 플레이어가 기준점에 서 있는 모습

눈에 보이지 않는 빌더와 마찬가지로 위치마크가 생성되어도 변하는 것은 하나도 없습니다. 심지어 위치마크가 제대로 생성되었는지, 어느 곳에 만들어져 있는지 눈으로 확인할 수도 없습니다.

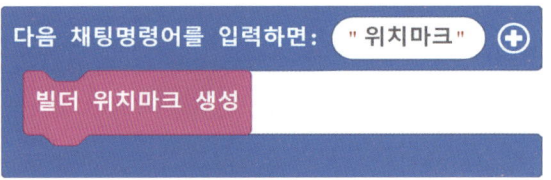
▲ 위치마크를 만들어주는 코드

위치마크 지정은 다른 건축 코드블록을 사용하기 위한 준비 단계입니다. 마치 빌더에게 일을 시키기 위해서 바라보는 방향을 먼저 지정해주는 것처럼요. 위치마크로 건축물을 어느 곳에서부터 지어야 하는지, 그 시작 위치를 지정할 수 있습니다. 위치마크로부터 빌더가 있는 곳까지 아무리 넓은 면적이라고 해도 원하는 블록으로 채울 수 있고, 엄청나게 높은 벽을 뚝딱 만들 수도 있습니다.

05 보이지 않는 건축가, 빌더

STEP 2   빌더 건축 코드블록 알아보기

1단계   낮은 벽 쉽게 쌓기

앞에서 빌더에게 참나무 목재로 낮은 벽을 쌓도록 코드를 작성해보았습니다. 빌더가 블록을 일일이 놓도록 했었습니다. 〔빌더 위치마크 생성〕, 〔빌더 위치마크부터 ~ 라인만들기〕 코드블록을 사용하면 아주 쉽게 코드를 만들 수 있습니다. **〔빌더 위치마크부터 ~ 라인만들기〕** 코드블록으로 빌더가 위치마크를 생성한 곳부터 빌더가 현재 위치한 곳까지 지정된 블록으로 선을 만들 수 있습니다.

▲ 일일이 블록을 쌓는 '낮은벽' 코드

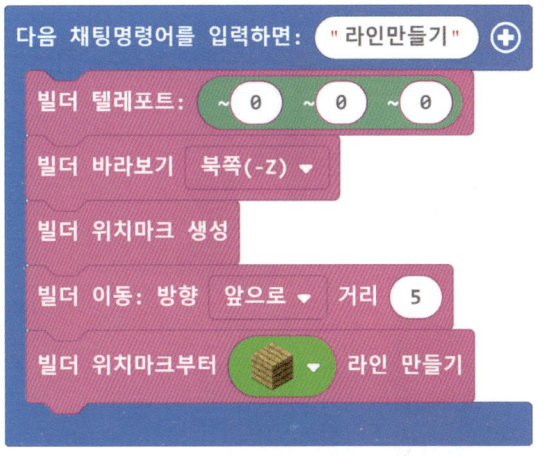

▲ 위치마크부터 빌더의 현재 위치까지 '라인만들기' 코드

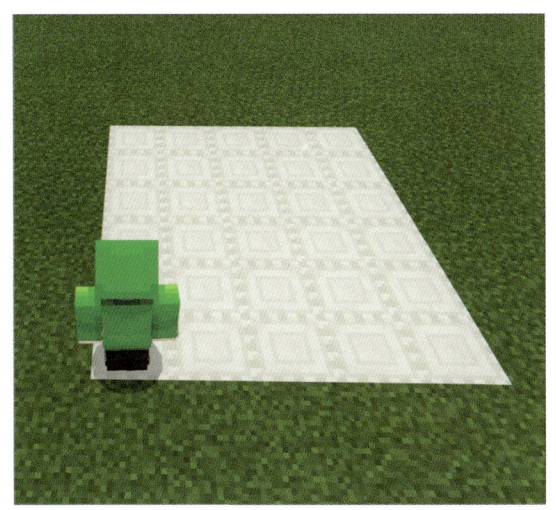

▲ '라인만들기' 명령 실행 전

▲ '라인만들기' 명령 실행 후

2단계　바닥 쉽게 만들기

앞에서 빌더에게 참나무 목재로 바닥을 만들도록 하는 코드를 작성해보았습니다. 그 역시 빌더가 블록을 일일이 놓도록 시키느라 (반복) 코드블록을 사용했습니다만 이제는 위치마크와 채우기 코드블록으로 아주 쉽게 코드를 작성할 수 있습니다.

먼저 시작점에서 위치마크를 생성한 후, 바닥을 만들고 싶은 곳의 대각선 맞은편까지 빌더가 이동하도록 코드를 만들어줍니다. 그 다음 **(빌더 위치마크부터 ~ 채우기)** 코드블록을 사용하면 아주 간단하게 코드를 완성할 수 있습니다. 작성된 코드들을 비교해보면 간편함이 느껴지지 않나요?

▲ 일일이 블록을 놓는 '바닥' 코드

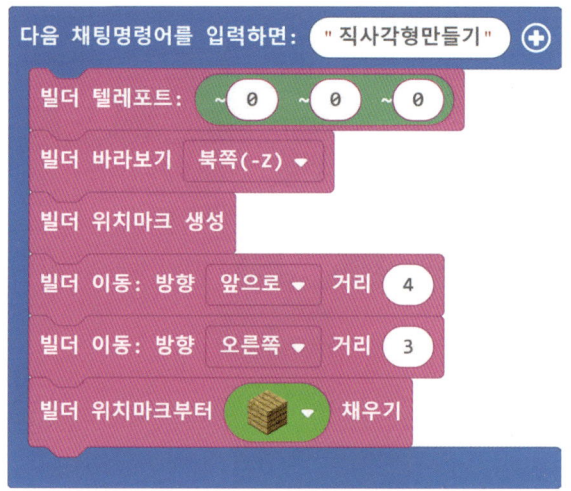

▲ 위치마크부터 빌더의 현재 위치까지 한 번에 블록을 채워 바닥을 만드는 '직사각형만들기' 코드

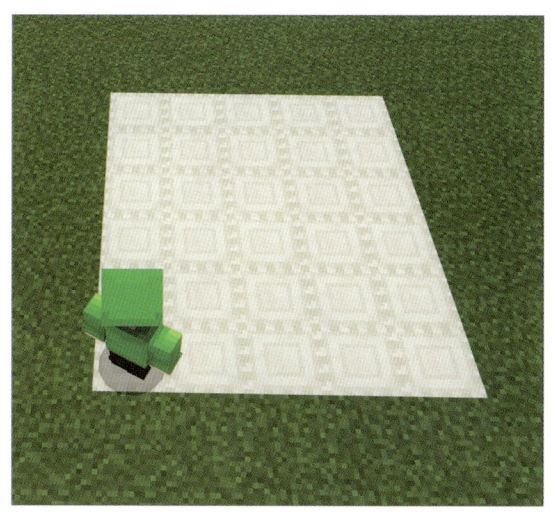
▲ '직사각형만들기' 명령 실행 전

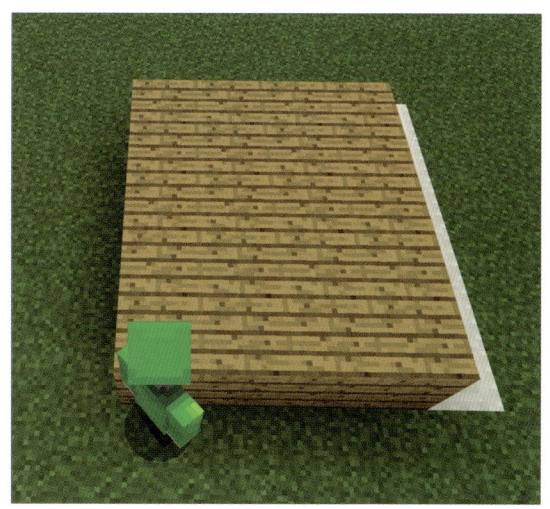
▲ '직사각형만들기' 명령 실행 후

3단계   벽 쉽게 쌓기

지난 시간에 만들었던 높은 벽을 쌓는 코드도 (빌더 위치마크 생성), (빌더 위치마크부터 벽 세우기) 코드블록을 사용하면 아주 간단하게 만들 수 있습니다.

먼저 시작점에서 위치마크를 생성한 후, 벽을 쌓고 싶은 곳까지 빌더가 이동하도록 코드를 만들어줍니다. 그 다음 **(빌더 위치마크부터 벽 세우기)** 코드블록을 사용하면 아주 간단하게 코드를 완성할 수 있습니다. 빌더의 위치마크와 건축 코드블록들을 활용하면 더 이상 (반복) 코드블록으로 복잡하게 코드를 작성하지 않아도 됩니다.

이처럼 [빌더] 카테고리에는 쉽게 건물을 지을 수 있도록 하는 특별한 건축 코드블록이 있습니다. 이와 같은 코드블록을 적절히 사용하면 아주 편리하게 건축물을 쉽게 만들 수 있습니다. 건축 코드블록들을 활용할 때는 반드시 새로운 건축물을 지을 때마다 위치마크를 새로 지정해주어야 합니다. 그렇지 않으면 최근에 생성된 위치마크를 기준으로 건축 명령을 수행하기 때문에 전혀 생각지도 못한 결과가 나올 수도 있습니다. 잊지 마세요!

▲ 일일이 블록을 놓아 벽을 쌓는 코드

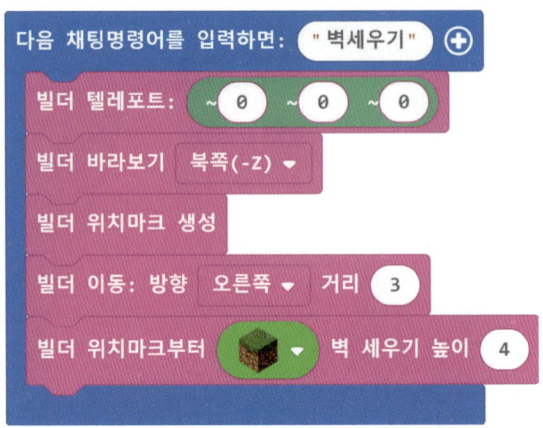

▲ 위치마크부터 빌더의 현재 위치까지 한 번에 벽을 세우는 코드

05 보이지 않는 건축가, 빌더

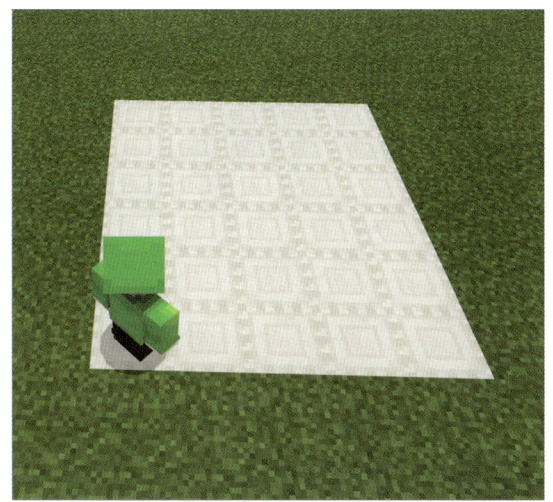

▲ '벽세우기' 명령 실행 전

▲ '벽세우기' 명령 실행 후

STEP 3 빌더로 직육면체 건축물 만들기

코드는 정답이 없습니다. 제대로 동작하지 않는다면 잘못된 코드이고, 제대로 동작한다면 잘 만들어진 코드로 나뉠 뿐입니다. 어떤 코드가 잘 만들어진 코드일까요? 결과가 같다면 보다 간단하고 쉽게 만들어진 코드를 잘 만들어진 코드라고 할 수 있습니다.

지금까지 살펴본 빌더의 건축 코드블록을 사용해서 직육면체 건축물을 만들어 봅시다. 건축물의 내부는 빨간색 스테인드글라스로 채워져 있고, 외벽은 파란색 스테인드글라스로 되어 있습니다. 길고 복잡한 코드보다는 간단하고 쉬운 코드로 건축물을 만들 수 있다면 훨씬 좋겠죠?

먼저 건축물의 구조를 파악하고, 만드는 순서를 결정해주어야 합니다. 그리고 어떤 코드블록들이 필요한지 생각해보세요. 빨간 스테인드글라스로 건축물 내부를 먼저 만든 후에 파란 스테인드글라스로 바깥쪽에 4개의 벽을 만들면 됩니다. 건축 순서를 결정했으니 이제 코드를 만들어 볼까요?

1단계 : 빨간 스테인드글라스로 내벽 만들기

먼저 빌더를 플레이어 위치로 불러온 후, 빌더가 기준 방향을 바라보도록 지정해줍니다. 그 다음 [빌더 위치마크 생성] 코드블록으로 빌더 위치마크를 생성합니다. 건축물의 시작 위치를 지정했으니 이제 채울 면적의 종료 위치까지 빌더를 이동시켜줍니다. 빌더를 위로도 이동시켜주어야 직육면체를 채울 수 있습니다. 이제 [빌더 위치마크부터 ~ 채우기] 코드블록을 사용해 빨간 스테인드글라스로 채워주면 됩니다.

천천히 코드를 완성하고 실행해 봅시다.

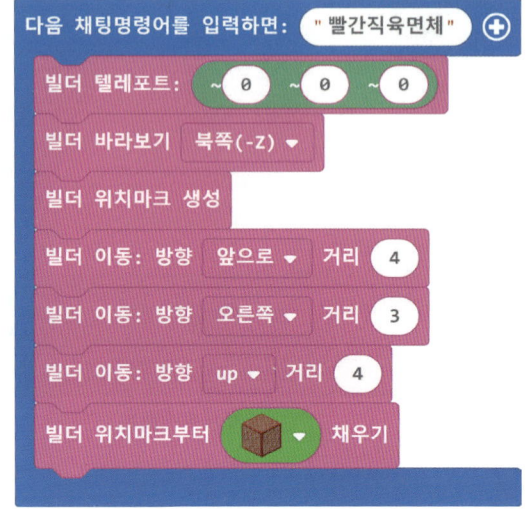

▲ 빨간 스테인드글라스로 건축물 내부를 만드는 코드

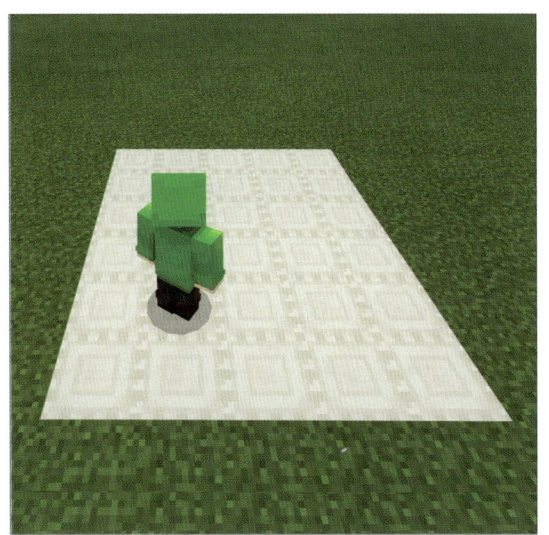

▲ '빨간직육면체' 명령 실행 전

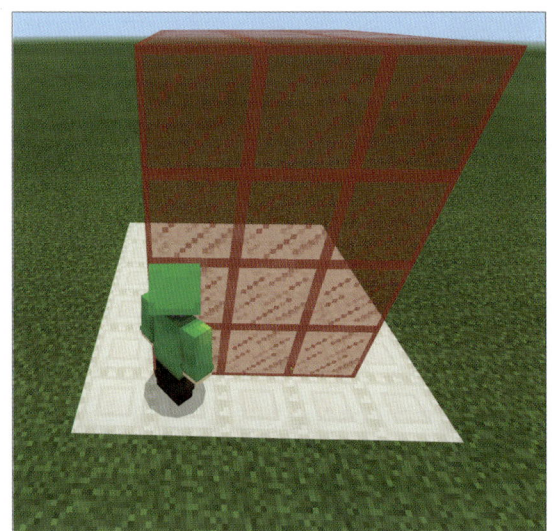

▲ '빨간직육면체' 명령 실행 후

2단계   파란 스테인드글라스로 외벽 만들기

이제 파란색 스테인드글라스로 외벽을 만들 차례입니다. 외벽을 만들기 위해서는 [**빌더 위치마크부터 벽 세우기**] 코드블록을 사용해야 합니다. 외벽은 내부 직육면체를 감싸도록 4개의 벽을 이어서 만들어야 합니다. 외벽을 이루는 각각의 벽들은 빌더의 이동 방향을 다르게 지정해주어야 합니다. 외벽의 첫 번째 면을 만드는 코드를 작성한 후, 변형해서 활용해보세요.

코드를 실행하기 전에 플레이어를 외벽이 지어질 시작 위치로 이동시키는 것, 잊지 마세요! 그래야 빌더가 정확한 위치에 위치마크를 만들 수 있습니다. 시작 위치를 제대로 알려주지 않으면 엉뚱한 곳에 파란색 외벽을 지어버립니다.

[빌더 위치마크부터 벽 세우기] 코드블록으로 외벽의 첫 번째 벽면을 만드는 코드를 완성하고 실행해 보세요.

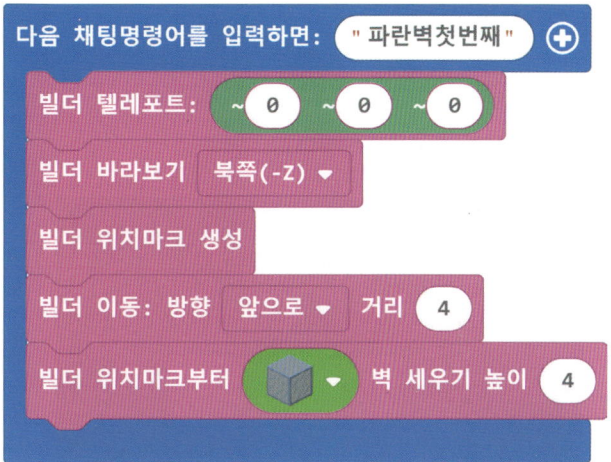

▲ 파란 스테인드글라스로 외벽의 첫 번째 면을 만드는 코드

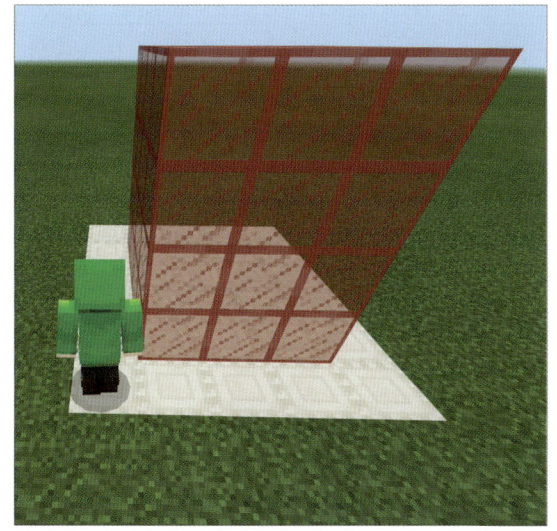

▲ '파란벽첫번째' 명령 실행 전

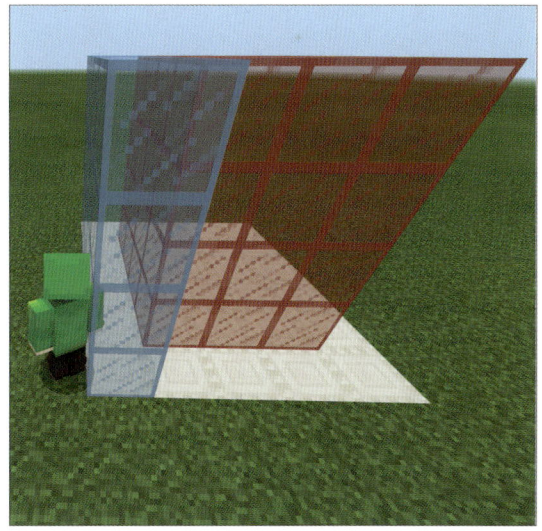

▲ '파란벽첫번째' 명령 실행 후

이제 두 번째 벽면을 만들어 봅시다. 첫 번째 벽면을 만들 때는 빌더를 '앞으로' 이동시켰습니다. 두 번째 벽을 만들기 위해서는 어떤 방향으로 움직이도록 해야 할까요?

맞습니다. '오른쪽'으로 지정해주면 됩니다. 이것은 빌더를 북쪽을 바라보도록 매번 지정해주었기 때문입니다. 빌더는 계속해서 북쪽을 바라보고 있기 때문에 앞쪽으로, 오른쪽으로, 뒤로, 왼쪽으로 움직여야 내부를 둘러싸는 4면의 외벽을 만들 수 있는 겁니다.

코드를 완성한 후 실행해보세요.

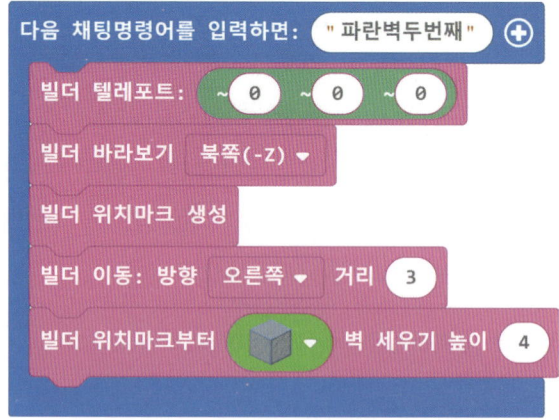

▲ 파란 스테인드글라스로 외벽의 두 번째 면을 만드는 코드

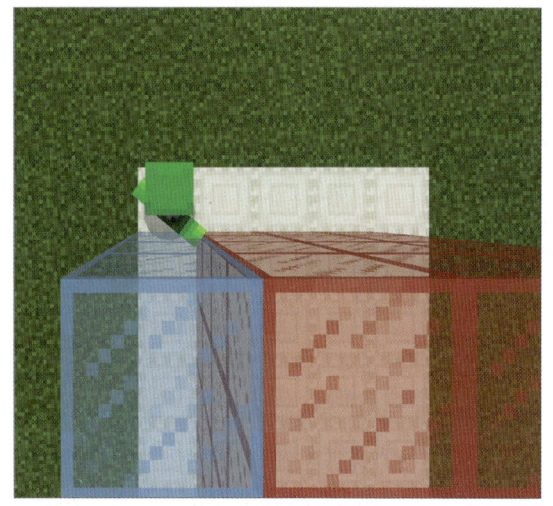

▲ '파란벽두번째' 명령 실행 전

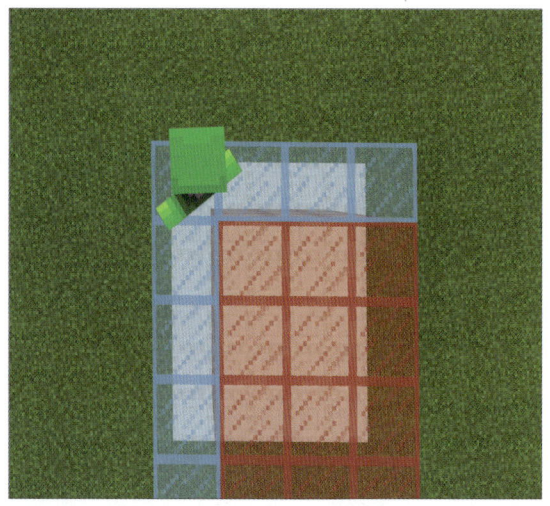

▲ '파란벽두번째' 명령 실행 후

세 번째 벽면을 만들 차례입니다. 세 번째 벽을 만들기 위해서는 빌더를 '뒤로' 움직이도록 해야합니다.

코드를 완성한 후 실행해보세요.

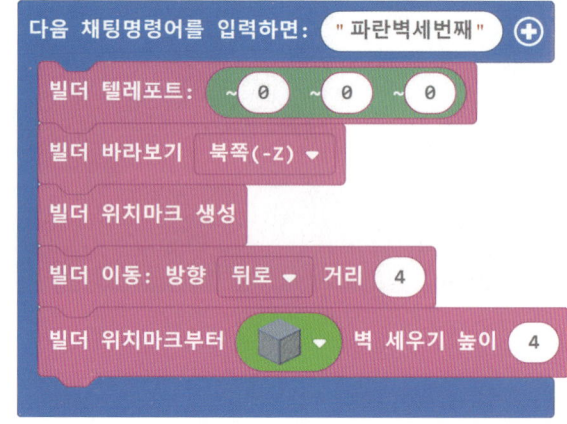

▲ 파란 스테인드글라스로 외벽의 세 번째 면을 만드는 코드

05 보이지 않는 건축가, 빌더

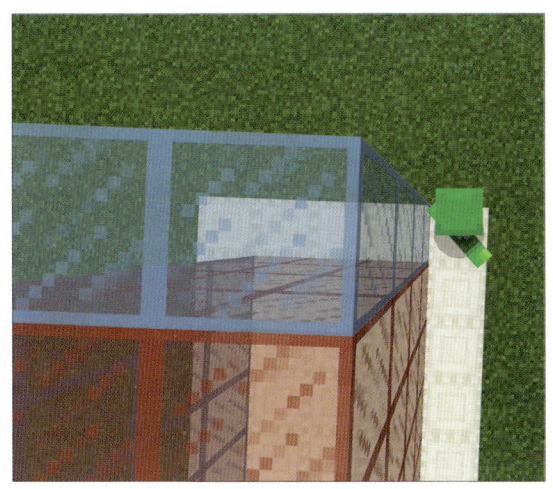

▲ '파란벽세번째' 명령 실행 전

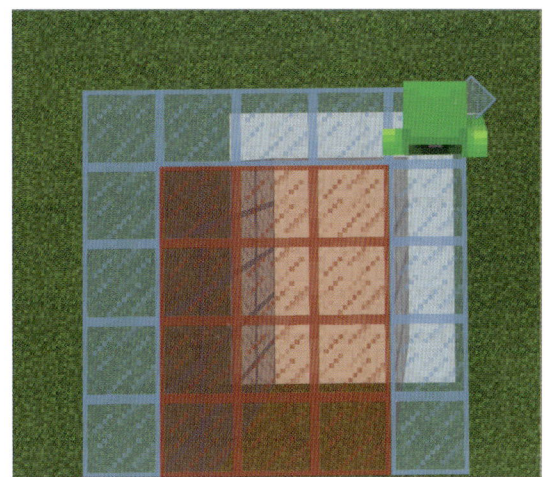

▲ '파란벽세번째' 명령 실행 후

드디어 마지막입니다. 네 번째 벽면을 만들기 위해서는 빌더를 '왼쪽'으로 움직이도록 해야합니다. 코드를 완성한 후 실행해보세요.

드디어 직육면체 건축물이 완성되었습니다. 어때요, 완성된 건축물을 보니 뿌듯하지 않나요? 지금까지 살펴보았던 빌더 관련 코드블록들이 익숙해지도록 많이 연습해보세요.

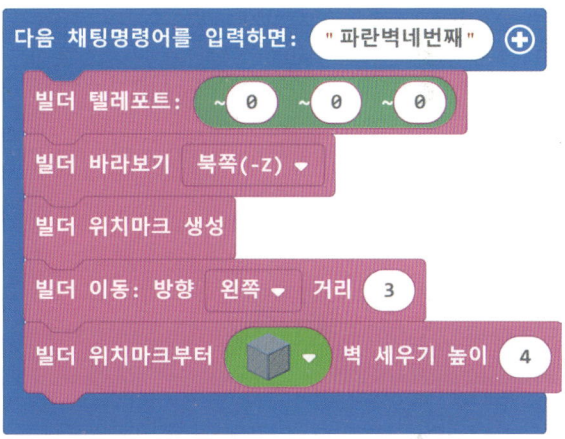

▲ 파란 스테인드글라스로 외벽의 네 번째 면을 만드는 코드

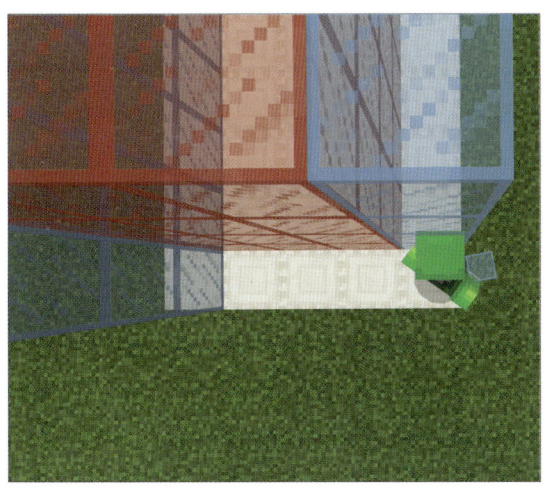

▲ '파란벽네번째' 명령 실행 전

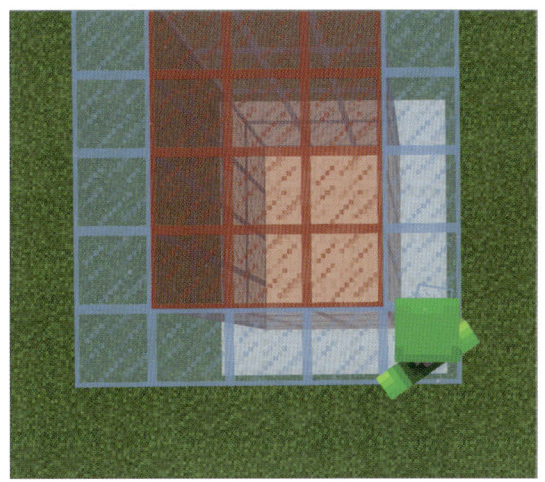

▲ '파란벽네번째' 명령 실행 후

143

빌더를 이용해서 건축물을 만들 때 주의할 것들!

코드를 실행하기 전에 먼저 건축물을 만들 곳의 시작점으로 플레이어 이동시키기

플레이어를 먼저 건축물을 만들 곳의 시작점으로 이동시켜주어야 합니다. 만약 이 작업이 귀찮으시면 제일 위쪽에 절대좌표로 플레이어를 건물을 지을 곳으로 이동시키는 코드블록을 끼워 두시면 됩니다.

빌더를 이용하는 코드를 작성할 때는 다음 순서를 기억하세요!

- (빌더 텔레포트) 코드블록으로 빌더를 플레이어 위치로 불러와야 합니다.
- (빌더 바라보기) 코드블록으로 빌더가 바라보는 기준 방향을 정해주세요.
- (빌더 위치마크 생성) 코드블록으로 건축물의 시작 위치를 표시해 주세요.
- (빌더 이동) 코드블록으로 채우고 싶은 면적의 종료 위치까지 빌더를 이동시켜 주세요.
- 라인 만들기, 채우기, 벽 세우기 등의 코드블록으로 원하는 면적을 채워주세요.

프로젝트 업그레이드 | 빌더로 피라미드 만들기

이제까지 살펴본 빌더와 관련된 코드블록을 이용해 다음과 같은 피라미드를 만들어 보세요. 먼저 피라미드의 구조부터 살펴볼까요? 피라미드는 3개의 층으로 이루어져 있습니다. 맨 아래 층은 가로 5칸과 세로 6칸, 가운데 층은 가로 3칸과 세로 4칸, 제일 높은 층은 가로 1칸과 세로 2칸으로 이루어져 있습니다. 가로와 세로가 바뀌어도 상관 없습니다.

코드를 완성하고 실행해보세요.

05 보이지 않는 건축가, 빌더

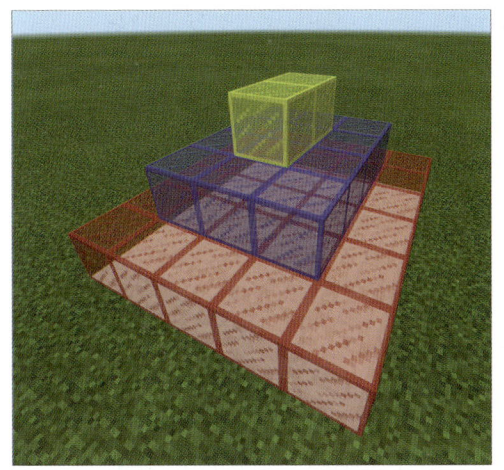
▲ 스테인드글라스로 만들어진 피라미드

▲ 피라미드 맨 아래층을 만드는 코드

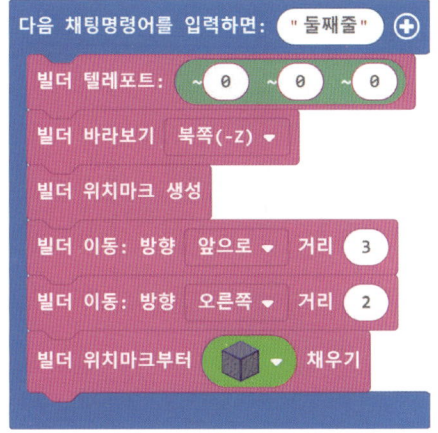
▲ 피라미드 가운데 층을 만드는 코드

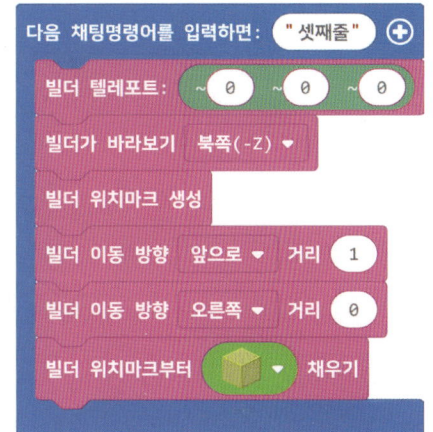
▲ 피라미드 제일 위층을 만드는 코드

지금까지 빌더를 이용해 쉽고 편리하게 건축물을 만드는 방법을 살펴보았습니다. 빌더와 관련된 코드블록들을 익숙하게 다루게 되면, 복잡한 건축물도 아주 빠르게 만들 수 있답니다. 자, 이제 빌더를 이용해 여러분만을 위한 특별한 건축물을 만들어보세요!

06

메이크코드 & 마인크래프트 프로젝트!

나만의 랜드마크 만들기

오늘의 프로젝트

나만의 랜드마크 만들기

M:EE에서는 여러분이 상상하는 모든 것들을 만들어 낼 수 있습니다. 공간의 제약도 없고, 재료의 제한도 없습니다. 다만 여러분들의 상상력이 필요할 뿐입니다. 여러분들이 생각하는 만큼 만들어낼 수 있으니까요! 앞서 살펴보았던 것처럼 메이크코드의 코드블록들을 이용하면 크고 복잡한 모양이나 건축물들을 쉽고 빠르게 만들 수 있습니다. 이번 챕터에서는 [모양] 카테고리에 있는 코드블록을 많이 사용하게 될 겁니다. 이제부터 자신만의 개성을 보여줄 수 있는 특별한 랜드마크를 만들어봅시다.

STEP 1   세 가지 원 만들기

원을 그리기 위해서는 먼저 무엇을 알아야 할까요? 맞습니다, 바로 원의 중심과 반지름입니다. 원의 중심은 원을 만들 위치를 결정해주고, 반지름은 원의 크기를 결정해 줍니다. 그리고 M:EE 월드는 3차원이기 때문에 원이 바라보는 방향도 결정해주어야 합니다.

[모양] 카테고리에서 [원 모양 만들기] 코드블록으로 세 가지 원 모양을 만드는 코드를 작성해봅시다. 먼저 원 모양을 만들 재료가 되는 블록을 선택해주세요. 그리고 원의 중심이 되는 좌표를 정해줍니다. 기본값은 상대좌표로 플레이어의 위치입니다. 원의 크기를 결정하는 반지름과 원 모양이 만들어질 방향을 결정해줍니다. 마지막으로 원이 어떤 방식으로 채워지는지를 결정하는 모드타입을 설정해줍니다.

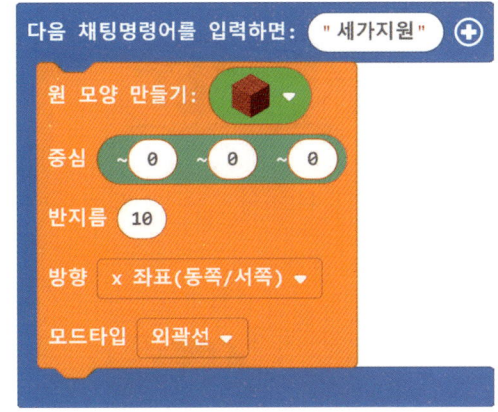

▲ 원 모양을 만들어주는 코드

이제부터 [원 모양 만들기] 코드블록에서 방향을 지정하는 값에 따라 원 모양이 어떻게 만들어지는지 알아보겠습니다. [원 모양 만들기] 코드블록 세 개로 각각 빨간색, 파란색, 흰색의 원모양을 만들어 봅시다.

원 중심의 기본값은 상대좌표로, 플레이어의 위치가 기준이 됩니다. 상대좌표가 '0, 0, 0'이면, 플레이어의 현재 위치를 의미합니다. 원의 반지름은 10칸으로 설정해주세요. 그리고 원 모양마다 각각 다른 방향을 지정해주세요. 빨간색 원은 'X좌표(동쪽/서쪽)', 파란색 원은 'Y좌표(위쪽/아래쪽)', 흰색 원은 'Z좌표(남쪽/북쪽)'로 지정해줍니다. 마지막으로 모든 원의 모드타입을 '외곽선'으로 설정해주세요.

코드를 완성하고 실행해 봅시다. 코드를 실행하기 전에 먼저 〈Space Bar〉를 눌러 플레이어를 공중으로 10칸 이상 띄워 두셔야 합니다. 원의 중심을 플레이어의 현재 위치로 설정해두었기 때문에 동그란 원을 보고 싶으시다면 공중에 있어야 합니다.

코드블록의 조건들을 바꾸어 다양한 종류의 원 모양을 만들어보세요.

▲ 세 가지 원 모양을 만들어주는 코드

▲ '세가지원' 코드 실행 결과

STEP 2 대형 시계 만들기

앞에서 살펴본 (원 모양 만들기) 코드블록을 활용해 대형 시계를 만들어 봅시다. 시계는 3시를 가리키도록 시침과 분침을 만들어 주세요. 먼저 시계의 원판을 만들어주고, 시침과 분침이 되는 두 개의 선분을 만들면 시계 모양이 완성됩니다.

1단계 (선 모양 만들기) 코드블록 이해하기

먼저 시침과 분침을 만들 때 사용할 [모양] 카테고리에서 (**선 모양 만들기**) 코드블록을 살펴보겠습니다. 선을 만들 블록을 선택한 후, 시작 위치와 끝나는 위치를 지정해주면 됩니다.

▲ (선 모양 만들기) 코드블록

2단계 시계 원판 만들기

이제 시계의 원판을 만들어 보겠습니다. 앞서 만들었던 원 모양과 속성을 다르게 지정해야 합니다.

- 원 중심을 플레이어를 기준으로 동쪽으로 5칸으로 지정해주세요. 왜냐하면 원의 내부까지 채워지도록 모드타입을 설정할 것이기 때문에 플레이어의 현재 위치를 원의 중심으로 설정해주면 플레이어가 밀려나게 되고, 이후에 블록은 원하는 위치에 생기지 않게 됩니다.

- 모드타입은 '교체하기'로 지정해주세요. '교체하기'로 설정하면 외곽선뿐만 아니라 원의 내부까지 모두 블록으로 채워줍니다.

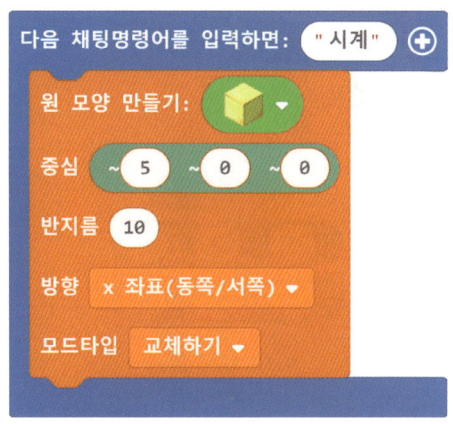

▲ 시계의 원판을 만드는 코드

3단계 시침과 분침 만들기

우리는 3시를 가리키는 시계를 만들기로 했습니다. (**선 모양 만들기**) 코드블록으로 시침과 분침을 만들어 보세요. 시침과 분침을 각각 만들어야 하기 때문에 (선 모양 만들기) 코드블록이 2개 필요합니다.

먼저 시침을 만들어 볼까요? 시작 좌표는 원의 중심이 되어야 하기 때문에 원판을 만든 중심 좌표와 동일하게 설정해주면 됩니다. 끝 좌표는 Z좌표값을 '6'으로 설정해주세요. Z좌표로 선을 그리게 되면 정확히 3시 방향을 가리키게 될 겁니다.

마지막으로 분침을 만들어 보겠습니다. 시침과 마찬가지로 시작 좌표는 원의 중심 좌표와 동일하게 설정합니다. 끝 좌표를 12시 방향, 즉 하늘을 향하도록 하려면 어떻게 지정해야 할까요? 맞습니다, Y좌표값을 시침보다 길게 '8'로 설정해주었습니다. 완성된 코드를 실행하고 결과를 확인해보세요.

코드 실행 결과를 확인해보면 시침과 분침이 만들어지면서 해당 위치의 원 모양 일부분을 교체했다는 것을 알 수 있습니다. 원을 먼저 만들고 선을 나중에 만들었기 때문에 그렇습니다. 만약 시침과 분침을 먼저 만들고, 시계 원판을 만들면 어떻게 되었을지도 생각해보세요.

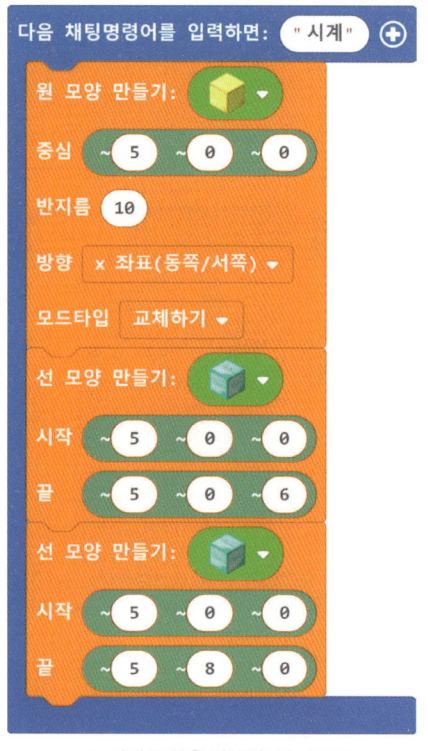
▲ 시계 모양을 만들어 주는 코드

▲ '시계' 코드 실행 결과

시계를 공중에 만들려면?!

플레이어를 반지름 길이 이상, 즉 10칸 이상 공중으로 띄운 후에 코드를 실행해야 합니다. 만약 플레이어를 공중에 띄우지 않고 시계를 만들려면 어떻게 해야 할까요? 코드의 중심 좌표를 변경하면서 확인해 보세요!

06 메이크코드 & 마인크래프트 프로젝트!

STEP 3   토성 만들기

앞에서 배운 코드블록들을 활용해서 토성을 만들어 보겠습니다. 토성은 어떤 특징을 갖고 있을까요? 토성은 다른 행성과 달리 아주 멋진 고리를 갖고 있습니다. 먼저 행성을 표현하는 공 모양을 만들고, 고리를 표현하는 원 모양을 만들어 봅시다.

[모양] 카테고리에 있는 (**공 모양 만들기**) 코드블록을 살펴보겠습니다. (원 모양 만들기) 코드블록과 아주 비슷합니다. 한 가지 다른 점은 방향을 지정하지 않아도 된다는 겁니다. 공은 어느 방향에서 보아도 동그랗기 때문에 방향을 지정하지 않아도 됩니다.

중심은 플레이어의 위치를 기준으로 X좌표(동쪽)를 30으로 설정해주세요. 만약 지상에 있는 플레이어를 공중으로 움직이기 귀찮다면 Y좌표(위쪽)를 반지름보다 큰 숫자로 설정해주세요.

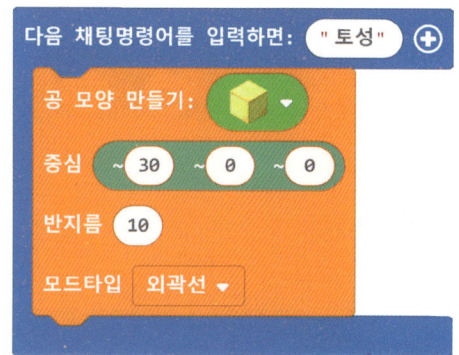

▲ 행성 모양을 만드는 코드

이제 토성의 고리를 만들 차례입니다. (원 모양 만들기) 코드블록으로 고리를 만들어 봅시다. 고리의 중심 좌표는 행성의 중심과 동일하게 설정해주면 됩니다. 반지름은 행성의 반지름보다 크게 설정해주세요. 원의 방향은 Y좌표(위쪽/아래쪽)로 지정해 주었습니다. 고리 모양을 만들어야 하므로 모드타입은 '외곽선'으로 설정해줍니다. 완성된 코드를 실행하고 결과를 확인해보세요.

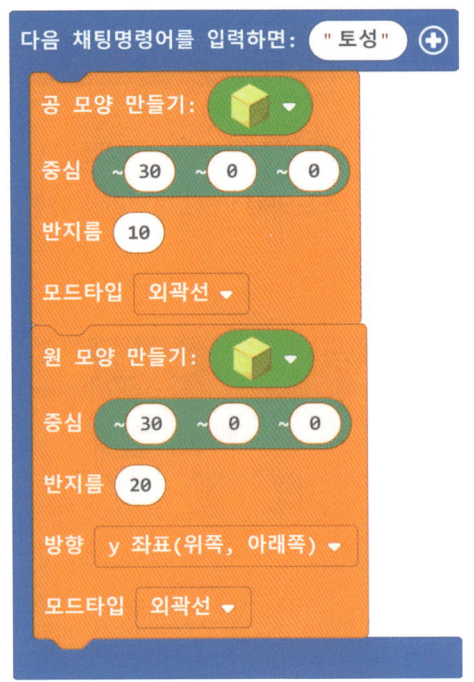

▲ 토성 만들기 코드

▲ '토성' 코드 실행 결과

프로젝트 업그레이드 | 팽이 타워 만들기

이번에는 여러분만의 특별한 랜드마크를 만들어 봅시다. 생각하는 대로 랜드마크를 만들기 위해서는 다양한 모양 관련 코드블록들을 자유자재로 쓸 수 있어야합니다. **[변수]**나 **[반복]**과 관련된 코드블록들을 활용하면 복잡한 건축물도 쉽게 만들 수 있습니다.

높은 기둥 주변으로 원형 층들이 둘러싸고 있는, 미래 도시에 어울릴 만한 타워를 만들어 보겠습니다. 마치 영화 인셉션에 나오는 팽이처럼 보이기도 하죠?

▲ 팽이 타워 만들기

1단계   기둥 세우기

먼저 (**선 모양 만들기**) 코드블록으로 높이가 50칸인 기둥을 만들어 보세요. 기둥을 만들 블록을 선택해주고, 시작 위치와 끝 위치를 지정해줍니다. 플레이어 위치에서 동쪽으로 5칸 떨어진 곳에서부터 기둥을 만들기 위해 시작 위치를 '5, 0, 0'으로 지정해주었습니다. 기둥이 끝나는 위치는 높이를 결정하는 Y좌표만 50으로 지정해주면 됩니다.

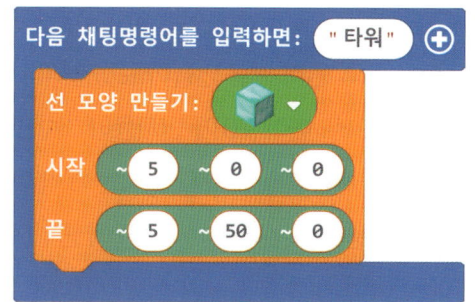

▲ 기둥 세우기 코드

2단계   원형 층의 높이와 반지름을 변수로 지정하기

이제 기둥을 둘러싸는 여러 개의 원형 층을 만들어 보겠습니다. 원의 위치하는 '높이'와 원의 크기를 결정하는 '반지름'을 변수로 지정하고, 그 값을 변하도록 해서 다양한 원형 층을 편리하게 만들어 보겠습니다.

[**변수**] 카테고리의 (**item 값 ~ 저장**) 코드블록을 에디터 영역으로 드래그 앤 드롭 합니다. 'item' 텍스트를 클릭하여 '변수 이름 바꾸기' 옵션을 선택한 후, 변수명을 '높이'로 바꿔줍니다. 초기값은 '20'으로 지정해줍니다. '반지름'도 마찬가지로 방법으로 변수로 지정한 후, 초기값을 '14'로 지정해주세요.

▲ 원형 층의 '높이'와 '반지름'을 변수로 지정해주는 코드

3단계 코드 완성하기

이제 [반복] 카테고리의 **(반복(repeat): ~회 실행)** 코드블록으로 여러 개의 원형 층을 만들어 보겠습니다. 처음에는 시작 위치를 기준으로 높이 '20'에 반지름이 '14'인 원형 층을 만듭니다. 이후에 처음 만든 원보다 높이는 '3'씩 높게, 반지름은 '2'씩 작은 원형 층을 4개 반복해서 만들어 줍니다. 즉, 한 번 실행한 후에 변수에 새로운 값들이 저장되고, 저장된 새로운 값으로 다시 좀 작은 원 모양이 반복해서 만들어지게 되는 겁니다.

이때 원 모양이 만들어지는 방향을 주의하세요. 'Y좌표(위쪽/아래쪽)'을 기준으로 설정해 주어야만 원하는 모양으로 원형 층이 만들어집니다.

완성된 코드를 실행한 후, 결과를 확인해보세요. 값들을 바꿔 코드를 변형하고, 결과를 확인해봅시다.

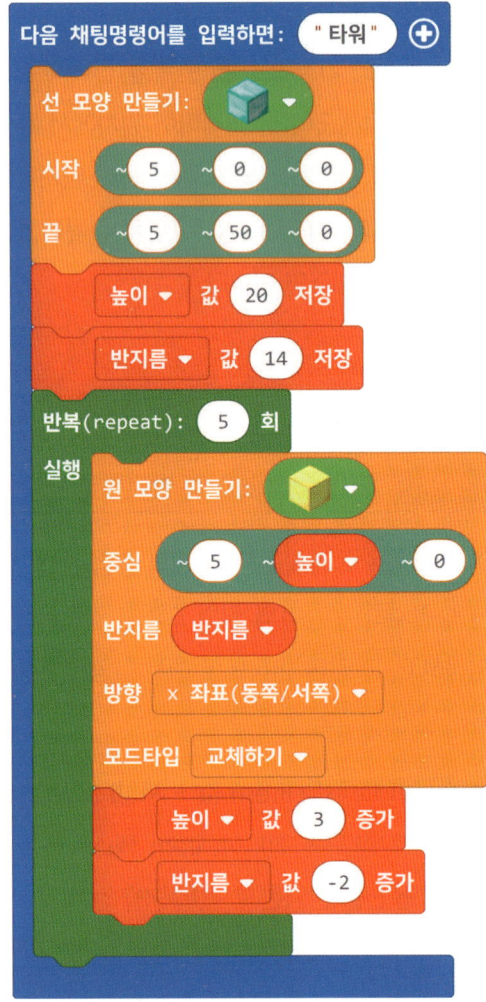

▲ 완성된 '타워' 코드

블록으로 글자 조형물을 만들 수 있어요!

모양 만들기 코드블록에서 사용하는 좌표는 모두 플레이어의 위치를 기준으로 하는 상대좌표입니다. 따라서 블록으로 모양을 만드는 동안 플레이어를 움직이면 원하는 곳이 아닌 엉뚱한 곳에 블록이 놓여지게 됩니다. 잊지 마세요!

[블록] 카테고리의 **(글자쓰기)** 코드블록을 이용하면 원하는 블록으로 글자를 쓸 수 있습니다. 다른 모양을 만들 때와 마찬가지로 위치와 방향을 잘 지정한 후 글자를 만들어 봅시다!

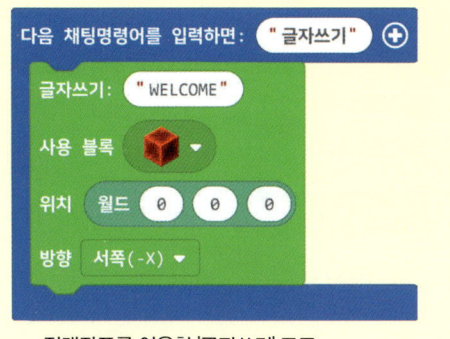

▲ 절대좌표를 이용한 '글자쓰기' 코드

02

재미있는 수학놀이 즐기기

> 💡 **오늘의 프로젝트**
> ## 재미있는 수학놀이 즐기기

메이크코드에 있는 다양한 코드블록들을 이용하면 M:EE에서도 재미있게 수학으로 놀이를 할 수 있습니다. 코드블록으로 숫자를 표시할 수 있고, 메이크코드의 [계산] 카테고리에 있는 코드블록들로 쉽게 계산을 할 수도 있습니다. 이번에는 '업다운 게임'과 약수를 구하는 활동을 통해 메이크코드와 M:EE로 수학놀이를 해보겠습니다. 어때요, 재미있을 것 같지 않나요?

STEP 1 | 업다운 게임 만들기

워낙 유명한 게임이라 많은 친구들이 이미 알고 있을 텐데요, 먼저 '업다운 게임'에 대해서 간단하게 알아볼까요? 업다운 게임이란 숫자를 맞추는 게임입니다. 문제를 내는 사람이 정답이 다른 사람이 말한 숫자보다 크면 '업', 정답이 다른 사람이 말한 숫자보다 작으면 '다운'이라고 힌트를 줍니다.

업다운 게임은 **[논리]**, **[변수]**, **[계산]** 카테고리의 코드블록을 이용해 만들 수 있습니다. 우리가 만들 업다운 게임에서 컴퓨터가 문제를 내고, 우리가 정답을 맞춰야 합니다. 업다운 게임에서는 두 개의 변수를 사용해야합니다. 우리가 맞춰야 하는 '정답'과 우리가 정답을 추측해 입력하는 '입력값'입니다. 두 개의 변수를 비교하는 것이 이번 코드의 가장 중요한 부분입니다.

1단계 게임을 시작하는 코드 만들기

먼저 정답을 랜덤으로 생성하는 코드를 작성해 봅시다. [변수] 카테고리에서 변수를 지정해주는 (item 값 ~ 저장) 코드블록과 [계산] 카테고리에서 정수를 랜덤으로 만들어주는 코드블록을 찾아 에디터 영역으로 드래그 앤 드롭 합니다. 'item' 대신 변수명을 '정답'으로 지정하고 1 ~ 50까지로 범위를 지정해줍니다.

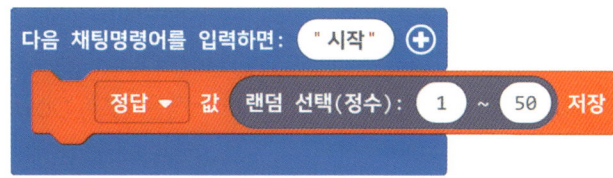
▲ 정답을 랜덤으로 생성하는 코드

이번에는 [플레이어] 카테고리에 있는 (채팅창에 말하기) 코드블록으로 플레이어가 정답을 입력하는 방법을 알려주는 안내문을 작성해보세요. 게임을 할 친구들을 생각하면서 안내문을 친절하게 작성해보세요. 이제 업다운게임을 시작하는 코드가 완성되었습니다.

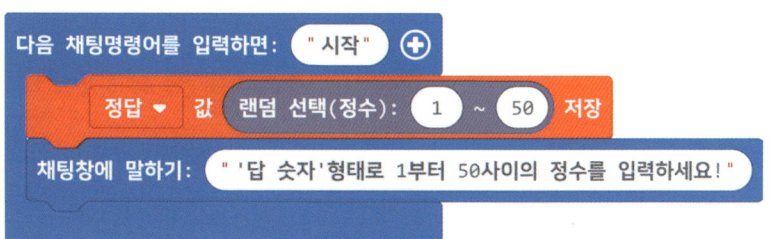
▲ 업다운게임을 시작하는 '시작' 코드

2단계 입력한 숫자와 정답을 비교하고 업다운 힌트를 주는 코드 만들기

플레이어가 채팅창에 '답 숫자' 형태로 텍스트를 입력하면 실행되는 코드로 만들어봅시다. 채팅명령어채 만들 때 사용하는 코드블록을 에디터 영역으로 가져와 오른쪽의 '+' 기호를 클릭합니다. 그러면 'num1'이라는 변수에 사용자가 입력한 값을 저장할 수 있습니다. 'num1' 텍스트를 클릭한 후, **변수 이름 바꾸기** 옵션을 클릭해 변수명을 '어떤 수'로 바꿔줍니다.

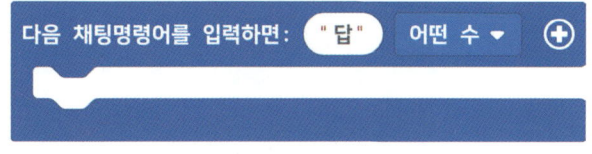
▲ 채팅창에 '답'이라고 입력하면, 이후에 입력한 숫자를 '어떤 수' 변수에 저장하는 코드

이제 두 개의 변수, '정답'과 '어떤 수'를 비교하고, 어떤 경우가 생기는지 생각해봅시다.

- **정답 = 어떤 수** '정답'과 '어떤 수'가 같은 경우, '정답'이라고 말해줍니다.
- **정답 > 어떤 수** '정답'이 '어떤 수'보다 큰 경우, 'Up'이라고 말해줍니다.
- **정답 < 어떤 수** '정답'이 '어떤 수'보다 작은 경우, 'Down'이라고 말해줍니다.

각각의 경우에 따라 명령을 수행하도록 하기 위해서 [논리] 카테고리에 있는 **(만약(if) 참이면(then) 실행, 아니면(else) 실행)** 코드블록을 에디터 영역으로 가져옵니다. 가져온 코드블록을 살펴보면 두 가지 경우만 처리할 수 있습니다. 경우를 추가하려면 코드블록의 왼쪽 아래편에 있는 '+' 기호를 클릭해줍니다.

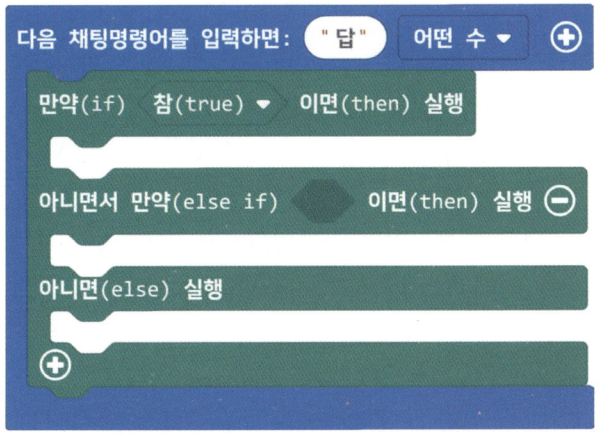

▲ (만약(if) 참이면(then) 실행, 아니면(else) 실행) 코드블록에 처리할 경우 추가하기

이제 앞에서 살펴본 '정답'과 입력 받은 '어떤 수'를 비교한 세 가지 경우에 따라서 조건과 결과를 만들어줍니다.

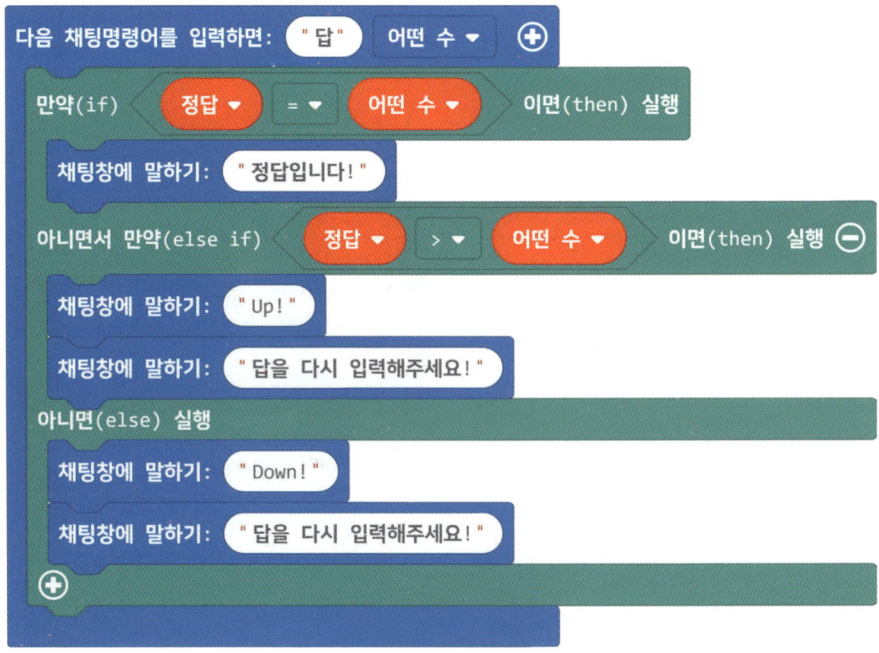

▲ 완성된 업다운 게임 코드

완성된 코드를 실행해보세요. M:EE 채팅창에 '시작'이라고 입력하면 업다운 게임이 시작됩니다. 친구들과 몇 번 만에 정답을 맞출 수 있는지 겨루어 보세요.

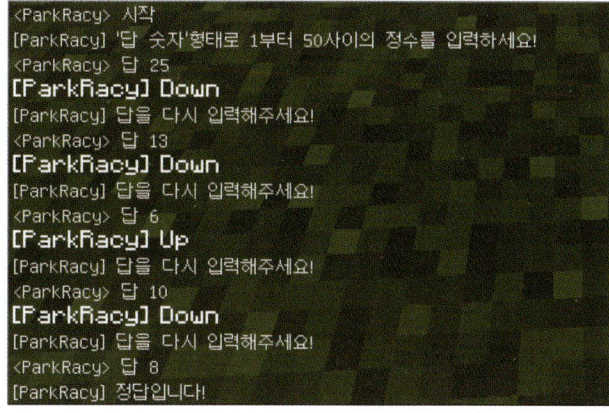

▲ 업다운 게임 실행 결과

STEP 2 약수 구하기

이제 입력한 값의 '약수'를 구해주는 코드를 작성해봅시다. 앞에서 배웠던 코드블록들을 사용하면 어렵지 않습니다. 코드를 작성하기 전에 먼저 약수의 개념을 다시 살펴봅시다. 약수란 어떤 수를 나누어 떨어지게 하는 수입니다. 예를 들면 4의 약수는 '1, 2, 4' 입니다. 따라서 어떤 수의 약수를 구하기 위해서는 1부터 어떤 수까지 반복해서 나누어 보아야 합니다. 즉, 4의 약수를 구하기 위해서는 4를 1, 2, 3, 4로 나누어 보아야 합니다.

1단계 시작하는 코드 만들기

약수 구하기 코드를 시작해주는 채팅명령어를 만들어 주세요. 어떻게 입력하면 되는지 친절하게 안내문 추가 해봅시다. 이제 '약수구하기'를 시작하는 코드가 완성되었습니다.

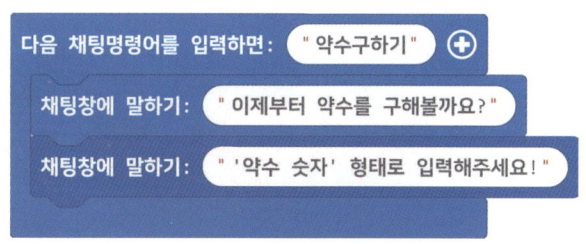

▲ 시작 코드 만들기

2단계 약수를 구하는 코드 만들기

이제 사용자가 M:EE 채팅창에 '약수'와 약수를 구하려는 숫자를 입력하도록 안내했습니다. '약수'라고 입력하면 실제로 약수를 구해주는 코드를 만들어 봅시다. 이때 필요한 변수는 사용자에게 직접 입력 받는 '어떤 수'와 '나누는 수' 2개가 필요합니다.

(다음 채팅명령어를 입력하면) 코드블록으로 채팅명령어를 지정할 때 입력 받는 변수명을 '어떤 수'로 설정해 줍니다. 약수를 구할 때는 '1'부터 나누어 주어야 하기 때문에 초기값을 '1'로 지정해줍니다.

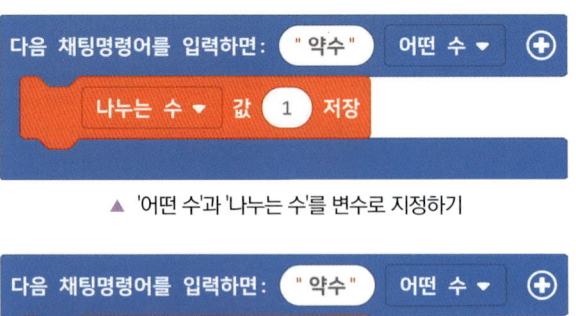
▲ '어떤 수'과 '나누는 수'를 변수로 지정하기

이제는 입력 받은 '어떤 수'를 나눠 줄 차례입니다. 만약 4의 약수를 구한다면 몇 번을 나누어야 할까요? 맞습니다, 1~4까지 총 네 번을 나눠주면 됩니다. 따라서 반복 실행할 회수는 '어떤 수'로 지정해주면 됩니다. [변수] 카테고리를 클릭하면 앞서 지정한 변수명들이 코드블록으로 표시됩니다. '어떤 수' 코드블록을 가져와 끼워 넣습니다.

▲ 입력값만큼 반복해서 나눠주기

마지막으로 조건이 약수일 때 결과를 알려주는 코드를 만들어봅시다. 앞서 살펴보았던 것처럼 약수는 어떤 수를 나누어 떨어지게 하는 수를 말합니다. 나누어 떨어진다는 의미는 나머지가 '0'이라는 뜻이므로 [계산] 카테고리에서 나머지를 구하는 코드블록을 가져와 조건을 지정해줍니다. '어떤 수'를 '나누는 수'로 나누어 나머지가 '0'이 나오면 실행되도록 말입니다. 조건을 만족시킨다면 '나누는 수'가 약수라는 뜻이므로 채팅창에 '나누는 수'를 표시해주도록 만들면 됩니다. 조건을 만족시키지 않을 때는 실행되지 않습니다.

텍스트를 연결해줄 때는 [문자열] 카테고리에 있는 (문자열 연결) 코드블록을 사용하면 됩니다. 그 다음은 나누는 수를 '1' 증가시켜 모든 약수를 찾을 수 있도록 해줍니다.

▲ 완성된 '약수 구하기' 코드

완성한 코드를 실행한 후, 약수를 구하고 싶은 숫자를 입력해봅시다.

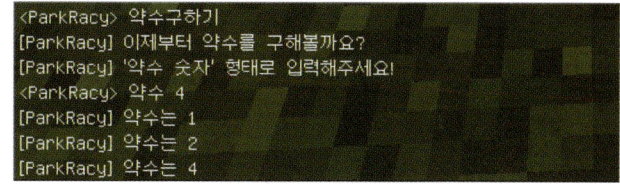

▲ '약수구하기' 코드 실행 결과

여러 가지 문자열과 변수를 연결해봅시다!

[문자열] 카테고리에 (문자열 연결) 코드블록을 사용하면 여러 개의 문자열이나 변수를 연결해서 사용할 수 있습니다. 문자열 연결 기능을 활용해서 빌더의 위치를 확인하는 코드를 만들 수도 있습니다. 눈에 보이지 않는 빌더의 위치를 확인할 수 있는 좋은 방법이 생겼어요!

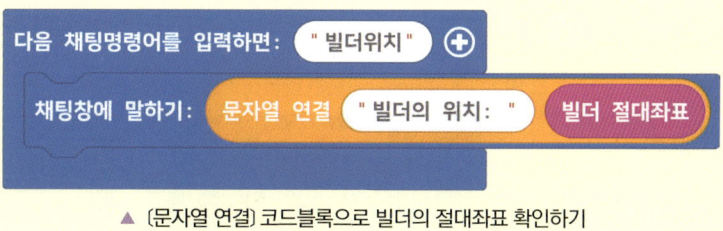

▲ (문자열 연결) 코드블록으로 빌더의 절대좌표 확인하기

프로젝트 업그레이드 　블록으로 약수 구하기

약수를 구하는 과정을 숫자로만 보면 이해하기 힘들 수 있습니다. (블록 채우기) 코드블록을 활용해서 3차원 블록으로 약수를 구하는 과정을 더 쉽게 이해할 수 있도록 코드를 만들어봅시다.

오른쪽 그림은 4의 약수를 표현하는 세 가지 블록입니다. 가로(너비) 또는 세로(높이)의 블록 개수가 바로 약수를 뜻합니다.

▲ 블록으로 4의 약수 표현하기

조금 전에 만들어 본 '약수구하기' 코드를 변형해서 만들어 봅시다. 약수일 경우에만 블록을 만들도록 하려면 어느 위치에 (블록 채우기) 코드블록을 끼워야 할까요? 약수를 구하는 조건이 만족되면 채팅창에 약수로 판별된 수를 표시해주는 부분이 있습니다. 그 아래에 (블록 채우기) 코드블록을 끼워주면 됩니다. 그 다음 블록을 채워줄 시작 위치와 끝 위치를 지정해줍니다.

블록 모양의 가로(너비)는 '어떤 수' 나누기 '나누는 수'의 몫이 되고, 세로(높이)는 '나누는 수'가 됩니다.

어떤 수	나누는 수
4	1
4	2
4	4

▶

가로(너비)	세로(높이)
4÷1=4	1
4÷2=2	2
4÷4=1	4

▲ (블록 채우기) 코드블록으로 약수를 블록으로 표현해주는 코드

그런데 이렇게 코딩을 하면 두 번째, 세 번째 약수를 찾았을 때 블록 모양이 제대로 추가되지 않습니다. 반복할 때마다 같은 자리에 블록을 놓게 되므로 같은 위치에 블록을 계속 겹쳐 놓기 때문입니다. 어떻게 하면 약수를 구할 때마다 차례대로 나란히 블록을 놓을 수 있을까요? Z좌표를 바꾸어서 빈 공간에 블록 모양이 만들어질 수 있도록 코드를 만들어 봅시다.

'블록간격'이라는 새로운 변수를 만들어 초기값을 '1'로 지정하고, 약수가 구해질 때마다 '3'씩 증가하도록 만들어줍니다. 이제부터는 약수를 나타내는 블록 모양은 일정한 간격을 유지한 채로 만들어지게 될 겁니다. 완성된 코드를 실행하고 결과를 확인해보세요!

▲ '약수표현' 코드 실행 결과

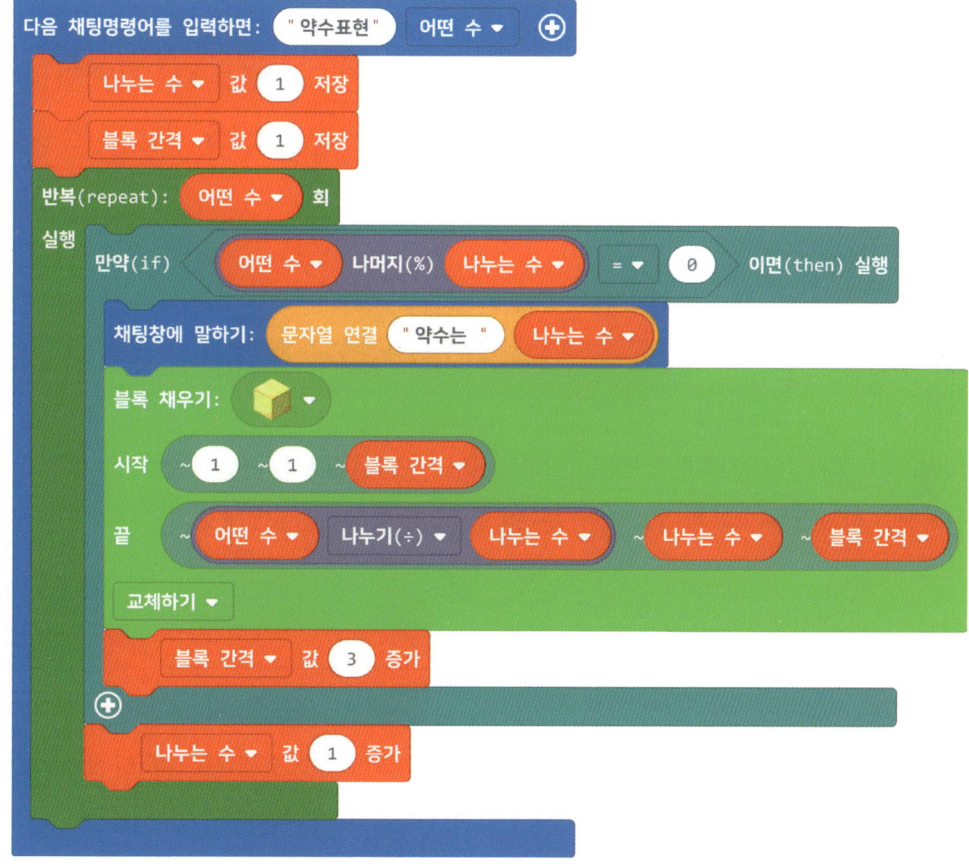

▲ 어떤 수의 약수를 구하고, 약수를 블록으로 표현해주는 코드

03

서바이벌 모드에서 살아남기

💡 오늘의 프로젝트

서바이벌 모드에서 살아남기

M:EE 서바이벌 모드에서 플레이어가 살아남기 위해서는 쉬지 않고 일을 해야합니다. 광물을 수집하거나, 먹을 것을 찾으면서 계속해서 탐험해야 합니다. 메이크코드를 이용하면 서바이벌 모드에서도 쉽게 플레이할 수 있습니다. 천하무적 에이전트가 플레이어에게 아주 성실한 친구가 되어줍니다. 이제부터 에이전트에게 땅을 파고, 광물을 수집하도록 지시하는 코드를 만들어 보겠습니다. 그리고 땅을 파지 않고도 필요한 광물을 찾을 수 있도록 광물 탐지기도 만들어 보겠습니다. 광물 탐지기를 이용하면 필요한 광물이 모여있는 장소이자 위험을 피할 수 있는 동굴도 쉽게 찾아낼 수 있습니다. 어때요, 아주 편리하겠죠?

STEP 1   에이전트에게 채굴시키기

M:EE 서바이벌 모드에서 가장 지루하고 힘든 작업이 아마도 광물을 모으는 채굴 작업일 겁니다. 단순한 일을 아주 많이 반복해야 하기 때문입니다. 이렇게 귀찮은 반복 작업들을 에이전트에게 맡기면 아주 편리합니다.

1단계   '땅파기' 채팅명령어 만들기

'땅파기'라는 채팅명령어와 함께 숫자를 입력하면 명령이 실행되도록 코드를 만들어 줍시다. 이때 사용자가 입력한 숫자는 땅을 파는 깊이를 결정할 값으로 '층'이라는 변수에 저장되도록 해주세요. 그리고 [에이전트] 카테고리에 있는 (에이전트가 플레이어에게 텔레포트) 코드블록으로 에이전트를 플레이어가 있는 곳으로 텔레포트 시켜주어야 합니다. 당연히 땅을 파고 싶은 위치로 플레이어를 먼저 이동시켜 주셔야겠죠?

다음에는 〔에이전트가 {이동한 곳에 블록 놓기} {거짓}〕 코드블록을 이용해 에이전트가 이동하는 곳에 장애물이 있다면 파괴하도록 해봅시다. {이동한 곳에 블록 놓기} 텍스트를 클릭해서 {장애물을 파괴하기}로 옵션을 변경해줍니다. 마찬가지로 {거짓} 조건을 {참}으로 바꾸어 줍니다.

▲ '땅파기' 채팅명령어 만들기

2단계   계단식으로 땅파기

이제 본격적으로 땅을 파도록 만들어 봅시다. 반복해서 땅을 파도록 하기위해서 채팅명령어와 함께 입력 받는 숫자, 즉 '층' 변수를 이용합니다. 땅을 팔 때는 오르내리기 편리하도록 계단식으로 파 내려가는 것이 좋습니다. 따라서 앞으로 '1', 아래로 '1'만큼 이동하도록 지정해줍니다.

▲ 계단식으로 땅 파기

3단계 조금 넓게 땅파기

작성한 코드를 실행시켜보세요. 에이전트가 아래로 이동하면서 땅을 파기는 하지만, 길이 좁아 답답해 보입니다. 에이전트가 이동하면서 한 칸 앞쪽의 블록을 파괴할 수 있도록 코드블록을 추가해봅시다. 코드를 실행해보면 훨씬 넓게 땅을 파 내려가는 것을 볼 수 있습니다.

▲ 조금 넓게 땅파기

4단계 채굴하기

잠깐, 아직 중요한 작업이 남았습니다! 에이전트가 땅을 파기만 한다면 플레이어에게는 아무런 도움이 되지 않습니다. 땅을 파면서 발견한 블록들을 모을 수 있도록 [에이전트가 모든 블록 수집하기] 코드블록을 [반복(repeat): ~회 실행] 코드블록 안에 있는 에이전트의 모든 움직임 뒤에 추가해주세요. 열심히 블록을 모으며 움직이게 될겁니다. 작업을 모두 마친 후에는 플레이어에게 돌아올 수 있도록 텔레포트 시켜주는 것도 잊지 마세요!

완성된 코드를 실행시켜봅시다. M:EE 채팅창에 명령어만 입력하면 에이전트가 움직이지 않습니다. 왜 그럴까요? 맞습니다, 아래로 몇 층을 파야 하는지 지정해주지 않아서 입니다. '땅파기 3'이라고 입력해보세요. 에이전트가 예쁘게 땅을 파 내려가며 열심히 채굴하는 모습을 보실 수 있으실 겁니다.

에이전트를 마우스 오른쪽 버튼으로 클릭하면 에이전트가 수집한 광물을 볼 수 있습니다. 〈Shift〉 키를 누른 상태에서 수집한 광물을 **클릭**하면 플레이어의 인벤토리로 옮길 수 있습니다. 이제부터 귀찮았던 채굴 작업을 에이전트에게 맡겨보세요!

▲ '땅파기' 코드 실행 결과

▲ '땅파기' 완성 코드

STEP 2 광물 탐지기 만들기

에이전트를 시켜 채굴을 하다보면 필요 없는 광물들도 잔뜩 모으게 됩니다. 에이전트의 인벤토리에서 필요한 광물들만 고르는 것도 귀찮아질 때가 있습니다. 필요한 광물들만 골라서 채굴할 수 있다면 얼마나 좋을까요? 먼저 필요한 광물들이 있는지 찾아주는 '광물 탐지기'를 만들어 보려고 합니다. 정말 편리하겠죠?

1단계 '탐지' 채팅명령어 만들기

플레이어의 현재 위치를 기준으로 바로 아래쪽의 광물을 탐지하는 광물 탐지기를 만들어 보겠습니다. '탐지'라는 채팅명령어를 만들고, '입력값'을 **변수**로 지정해보세요. 여기서 사용자에게 입력받는 숫자, 즉 '입력값'은 두 가지 목적으로 사용되는 변수입니다. 이는 아래에서 더 자세히 알아보겠습니다. (**채팅창에 말하기**) 코드블록으로 정상적으로 탐지 중이라는 것을 먼저 알려주도록 합시다.

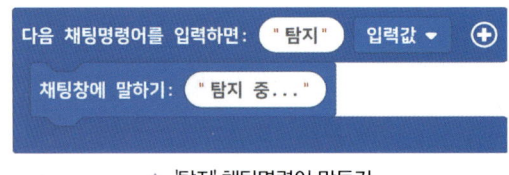

▲ '탐지' 채팅명령어 만들기

2단계 '입력값'을 또 다른 변수에 저장하기

채팅명령어와 함께 입력 받은 '입력값'은 '층'이라는 변수를 만들어 저장해주세요. '층'은 지하 몇 칸까지 탐지할 것인지를 결정하는 변수입니다. '층'은 반복할 때마다 한 칸씩 더 깊게 탐지하도록 숫자를 변경해주어야 하기 때문에 '층'이라는 변수를 따로 만들어 주었습니다. 왜 '입력값'을 그대로 사용하지 않을까요? 조금 뒤 **(반복(repeat): ~회 실행)** 코드블록을 사용해서 탐지 작업을 반복하도록 코드를 만들 때 '입력값'을 사용하려고 합니다. 만약 '입력값'을 탐지 깊이를 지정하는 변수로 사용했다면 반복작업을 하는 횟수를 지정하는 변수를 새로 만들어 주어야 합니다.

새로운 변수를 만들 때는 [변수] 카테고리에서 **〈변수 만들기〉** 버튼을 클릭하고 변수 이름을 지정해주면 됩니다.

▲ '입력값'을 또 다른 변수에 저장하기

3단계 원하는 블록 탐지하기

[반복] 카테고리에서 반복 실행 코드블록을 가져와 (**반복(repeat): ~회 실행**)으로 지정해줍니다. 반복 작업은 앞에서 설명한 것처럼 '입력값'만큼 실행하도록 지정해줍니다.

이제 조건을 만족할 때 실행할 수 있도록 논리 코드블록을 사용하여 코드를 만들어 보겠습니다. 먼저 [논리] 카테고리의 (**만약(if) {참(true)}이면(then) 실행**) 코드블록을 에디터 영역으로 가져온 후, [블록] 카테고리의 (**블록 탐지**) 코드블록을 꺼내 끼워 넣어주세요. 탐지할 블록은 '석탄 광석'으로 지정해봅시다.

▲ 원하는 블록 탐지 작업을 반복해서 수행하기

4단계 '광물 탐지기' 완성하기

이제 블록을 탐지할 방향을 지정해봅시다. 탐지할 블록의 위치는 플레이어의 아래쪽이므로 Y좌표만 신경 써주면 됩니다. [블록 탐지] 코드블록의 위치 옵션에서 Y좌표를 직접 입력하는 대신 [계산] 카테고리에서 **[곱하기]** 코드블록을 가져와 끼웁니다. 변수로 지정한 '층'에 '-1'을 곱해서 아래쪽 방향으로 탐지를 할 수 있도록 음수로 바꿔줍니다. 만약 채팅명령어와 함께 음수를 입력하면 어떻게 될까요? 반복문에서 음수를 처리하지 못하기 때문에 제대로 탐지할 수 없을 겁니다.

▲ 블록을 탐지할 방향 지정하기

자, 이제 [채팅창에 말하기] 코드블록을 이용해서 지하 몇 층에서 탐지했는지 채팅창에 보여주도록 코드를 만들어봅시다. [문자열] 카테고리의 **[문자열 연결]** 코드블록으로 변수로 지정한 '층'의 값과 함께 광물을 찾았다는 메시지를 보여주도록 합시다. [문자열 연결] 코드블록을 여러 개 겹쳐서 사용하면 문자열을 계속해서 연결할 수 있습니다.

마지막으로, 플레이어 아래쪽 모든 층에서 탐지 작업을 반복해서 실행할 수 있도록 변수 '층'의 값이 '-1'씩 변경되도록 지정해주세요. 탐지 작업의 반복 실행이 끝나고 나면 채팅창에 탐지가 끝났다는 메시지를 보여주도록 코드를 추가해봅시다.

완성된 코드를 실행한 후, 결과를 확인해보세요. 만약 플레이어의 아래쪽에 석탄 광석이 없다면 '탐지 중'이라는 메시지 다음에 '탐지 끝!'이라는 메시지가 바로 표시됩니다. 플레이어의 위치를 움직이면서 코드를 실행해보세요.

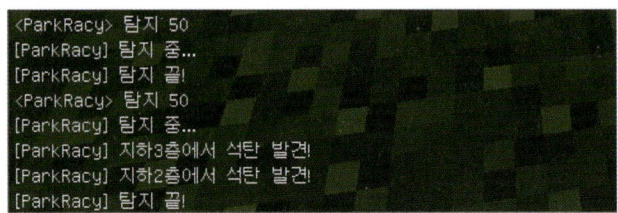

▲ '탐지' 코드 실행 결과

▲ '광물 탐지기' 코드

프로젝트 업그레이드 광물 탐지기 응용하기

광물 탐지기를 이용하면 석탄이나 철, 황금 뿐만 아니라 물 또는 용암을 탐지할 수도 있습니다. 땅을 파다가 물이나 용암이 나오게 되면 작업도 어렵고, 위험하기도 합니다. 심지어 플레이어가 죽을 수도 있거든요. 미리 어려운 장애물들을 탐지할 수 있다면 정말 편리하겠죠? 다양한 것들을 찾아내고, 더 넓은 곳을 탐지할 수 있도록 광물 탐지기를 업그레이드해봅시다.

1단계 '동굴 탐지기' 만들기

만약 지하에서 공기 블록을 탐지하게 하면 어떻게 될까요? M:EE에서 공기 블록은 실제 공기처럼 비어 있는 공간을 채우고 있습니다. 즉, 지하에 공기 블록이 있다는 것은 비어 있는 공간이 있다는 뜻입니다. 눈치 채셨나요? 지하에 있는 비어 있는 공간, 바로 동굴을 찾을 수 있습니다. 마인크래프트를 해본 친구들은 동굴을 찾는다는 것이 얼마나 큰 행운인지 아실 겁니다. 동굴에는 자원이 많이 모여 있기 때문입니다.

앞에서 만든 광물 탐지기 코드를 아주 조금만 바꾸어도 동굴 탐지기를 만들 수 있습니다. 코드에서 어떤 부분을 변경하면 되는지 먼저 생각해보고 코드를 직접 바꾸어 보세요.

▲ '동굴 탐지기' 코드

2단계 '고성능 탐지기' 만들기

광물 탐지기로 빠르게 원하는 광물들을 탐지할 수 있긴 하지만 플레이어의 바로 아래쪽만 탐지하기 때문에 생각만큼 편리하지 않습니다. 탐지 범위를 넓히려면 어떻게 해야 할까요?

(만약(if) { } 이면(then) 실행) 코드블록으로 조건을 만들 때 [논리] 카테고리에 있는 **(또는)** 코드블록을 사용하면 이전에 지정해 둔 기준 위치에서부터 탐지 범위를 넓혀줄 수 있습니다. (또는) 코드블록은 지정한 두 가지 조건 중에 어느 한 가지라도 만족하게 되면 '참'으로 처리합니다. 따라서 보다 넓은 범위에서 원하는 광물을 탐지할 수 있게 됩니다.

▲ (또는) 코드블록으로 블록 탐지 범위 넓혀주기

탐지 범위를 더 넓히고 싶다면 (또는) 코드블록 오른쪽의 블록 탐지 좌표를 조정해주면 됩니다. 정말 간단한 코드 수정으로 원하는 만큼 탐지 범위를 지정할 수 있는 광물 탐지기를 만들 수 있습니다.

▲ 탐지 범위를 조정할 수 있는 '고성능 탐지기' 코드

이 책을 마치면서

이 책에서는 M:EE를 설치하고, 코드커넥션으로 메이크코드를 연결하는 방법을 알아보았습니다. 그리고 메이크코드로 블록 코딩을 하고, 코딩한 결과를 M:EE를 통해 확인해보았습니다. 마인크래프트를 접해본 친구들이라면 천하무적 에이전트와 보이지 않는 건축가 빌더를 활용할 수 있다는 것만으로도 엄청나게 재미있었을 거예요. 이제 더 이상 마인크래프트로 게임만 즐기는 것이 아니라 코딩을 배우고 또 새로운 게임을 만들어 낼 수도 있습니다. 에이전트에게 귀찮은 농장 가꾸기를 시키고, 빌더에게 멋진 집을 짓도록 하고, 여러분은 탐험을 떠나보세요! 정말 멋지지 않나요?

다음 책인 활용편에서는 더욱 다양한 주제와 코딩으로 아주 재미있는 활동을 해보려고 합니다. 모두들 기대해 주세요. 우리는 활용편에서 또 만나요!